AUS DEN FILMEN ZU

Harry Potter™

DAS OFFIZIELLE WEIHNACHTS-KOCHBUCH

Nimbus 2000
Firebolt

AUS DEN FILMEN ZU

Harry Potter™

DAS OFFIZIELLE WEIHNACHTS-KOCHBUCH

Texte von Jody Revenson
Rezepte von Elena Craig

INHALT

Kapitel eins

FRÜHSTÜCK

Kapitel zwei

SUPPEN UND VORSPEISEN

Kapitel drei

BROTE UND BEILAGEN

Kapitel vier

HAUPTGERICHTE

Kapitel fünf
DESSERTS

Süßes zum Verschenken

Torten & Kuchen

Plätzchen

Süßspeisen

Kapitel sechs
GETRÄNKE

Kapitel sieben
HARRY-POTTER-WEIHNACHTS-PARTYS

EINLEITUNG

Weihnachten in der Zauberwelt – das bedeutet Girlanden aus Tannengrün, mit glänzenden Goldsternen geschmückte Bäume und Kränze, an Bändern aufgefädelte Glückwunschkarten, flackernde Kerzen und ein Geisterchor in Hogwarts. Und weder am Grimmauldplatz Nr. 12, wo die Weasleys in *Harry Potter und der Orden des Phönix* die Feiertage mit Harry und Hermine verbringen, noch im Haus der Weasleys in *Harry Potter und der Halbblutprinz* oder in der Großen Halle in *Harry Potter und der Stein der Weisen* dürfen Knallbonbons als typisch englische Weihnachtstradition fehlen. Als Harry in seinem ersten Jahr über die Feiertage an der Hogwarts-Schule für Hexerei und Zauberei bleibt, fällt nicht nur draußen vor dem Schloss, sondern auch in der Großen Halle Schnee. Dort genießen die Schüler ein üppiges Weihnachtsmahl mit leuchtenden Orangen, leckerem Braten und Kuchen, auf denen zauberhafte Schneemänner mit Besen thronen. Und dann wäre da noch das Zusammensein mit Freunden und Familie und das gemeinsame Genießen der weihnachtlichen Gaumenfreuden – all das macht den Zauber des Festes aus.

Harry Potter: Das offizielle Weihnachtskochbuch bietet allerlei Köstlichkeiten für die Feiertage – von herzhaften Hauptgerichten über warmes und knuspriges Brot bis hin zu zauberhaften Desserts und Getränken, die bei jedem festliche Stimmung aufkommen lassen. So viele von den Harry-Potter-Filmen inspirierte Gerichte finden sich in diesem Buch, dass sie selbst auf den 30 Meter langen Tischen in der Großen Halle nicht alle Platz fänden. Wo ließen sich die Zutaten für Hagrids Kürbiseintopf (Seite 36) oder Hagrids Kürbiskernkrokant (Seite 89) besser besorgen als vom Kürbisfeld auf dem Gelände von Hogwarts? Und wo könnte wohl besser das Gemüse für Sprouts Kohlsprossen (Seite 45) oder den Gewächshaussalat (Seite 59) gedeihen als in den Gewächshäusern außerhalb des Schlosses?

Molly Weasley lieferte die Inspiration zu einer Weasley-Pullover-Focaccia (Seite 53), während sich die Teetassen aus dem Unterricht für Wahrsagen in Professor Trelawneys Pots de crème wiederfinden (Seite 123). Andere Gerichte wiederum sind von den Meeresfrüchten vom Weihnachtsball inspiriert, und eine bunte Auswahl an Punschgetränken erinnert an die drei Schulen, die am Trimagischen Turnier teilnehmen. Unter den Getränkerezepten, die an kalten Wintertagen wärmen, finden sich Ideen für Magischen Glühwein (Seite 149), Heiße-Schokolade-Besen (Seite 137) und einen Mistelzweig-Cocktail (garantiert ohne Nargel, Seite 150).

Als süße Krönung dürfen natürlich nicht verführerische Naschereien fehlen, die an die Süßigkeiten vom *Honigtopf* in Hogsmeade angelehnt sind, wie etwa die Cake-Pops jeder Geschmacksrichtung (Seite 91). Auch traditionelle englische Desserts sind dabei – etwa Professor Flitwicks weihnachtlicher Feigenpudding (Seite 128), ein vom Trimagischen Turnier inspiriertes Trifle (Seite 131) und Harrys Lieblingssiruptorte (Seite 101).

Fast alle der leicht verständlichen Rezepte enthalten vegane, vegetarische und glutenfreie Optionen und berücksichtigen besondere Ernährungsbedürfnisse. Außerdem gibt es Tipps, wie sich Zutaten nach Möglichkeit einfach austauschen lassen.

Neben all den Gaumenfreuden bietet dieses Buch auch zahlreiche Anregungen für Harry-Potter-Themenpartys, Menüvorschläge für die Weihnachtsfeiertage sowie weitere Ideen, die so richtig für Weihnachtsstimmung sorgen, zum Beispiel für eine Cocktailparty im Slughorn-Stil, einen Weihnachtsball und einen Filmabend. Mit diesen Rezepten können unvergessliche Gerichte gezaubert werden, die Freunden, Familie und Partygästen ein frohes Weihnachtsfest bescheren.

FRÜHSTÜCK

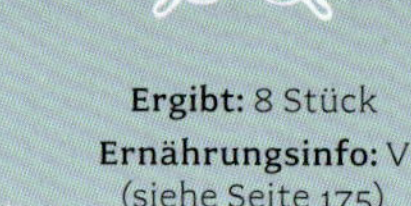

Ergibt: 8 Stück
Ernährungsinfo: V
(siehe Seite 175)

BLÄTTERTEIGBÜCHER
aus der Verbotenen Abteilung

In den Weihnachtsferien seines ersten Schuljahres in Hogwarts soll Harry Potter im Auftrag von Hermine Granger in der Verbotenen Abteilung der Schulbibliothek nach Büchern über Nicolas Flamel, den Schöpfer des Steins der Weisen, suchen. Die Szenen wurden in der aus der Tudorzeit stammenden Duke Humfrey's Library der Universität Oxford gedreht. Die Bücher in der Bibliothek von Hogwarts sind dicke, schwere Wälzer, die mit Ketten an den Regalen befestigt sind und einen mitunter beim Öffnen anschreien – so wie das erste Buch, das Harry bei seiner Suche aufschlägt. Dagegen lösen die leichten, knusprigen „Bücher" aus Blätterteig eher Begeisterungsschreie beim Verzehr aus.

„Gut. Dann kannst du Harry ein bisschen zur Hand gehen. Der setzt sich nämlich in die Bücherei für ein paar Recherchen über Nicolas Flamel."

„Wir haben jedes einzelne Regal durchkämmt!"

„Nicht in dem Teil, in den keiner rein darf. Ein frohes Fest!"

Hermine Granger und Ron Weasley,
Harry Potter und der Stein der Weisen

ZUTATEN

- 1 Packung Blätterteig à 500 g, nach Packungsangabe aufgetaut
- 6 EL ungesalzene Butter, geschmolzen
- 2 bis 3 Tropfen schwarze Lebensmittelfarbe
- 60 g Zucker
- ½ TL Fünf-Gewürze-Pulver

1. Backblech mit einer Silikonbackmatte oder Backpapier auslegen und sicherstellen, dass der Blätterteig aufgetaut ist.
2. 2 EL der geschmolzenen Butter in eine kleine Schüssel gießen, Lebensmittelfarbe dazugeben und verrühren. Die restliche geschmolzene Butter in einer zweiten kleinen Schüssel sowie 2 Backpinsel bereitstellen. Zucker und Fünf-Gewürze-Pulver in einer separaten Schüssel verrühren.
3. Die Teigblätter nacheinander in 20 etwa 5 x 7 cm große Rechtecke schneiden. Mit einem ovalen Ausstecher (5 cm hoch) aus 4 Rechtecken je ein Oval ausstechen.
4. Ein Rechteck auf das vorbereitete Backblech legen und mit der schwarzen Butter bestreichen. Mit einer Gabel das Teigblatt in der Mitte etwa vier Mal einstechen und ein weiteres Rechteck darauflegen. Dieses mit dem zweiten Backpinsel und der reinen Butter bestreichen, mit Gewürzzucker bestreuen und die Mitte wieder einstechen. Mit einem Essstäbchen in der Mitte längs eindrücken, sodass ein Falz entsteht. Die Rechtecke am Rand vorsichtig mit den Fingern einkerben, damit sie wie Buchseiten wirken.
5. Ein ausgestochenes Teigoval mit der schwarzen Butter bestreichen und mit der Spitze des Essstäbchens Augen und Mund eindrücken. Das Gesicht auf die Mitte des Buches legen und leicht andrücken, um es zu befestigen. Mit den restlichen Rechtecken und Ovalen ebenso verfahren. 20 Minuten im Kühlschrank kalt stellen.
6. Unterdessen den Backofen auf 200 °C vorheizen.
7. Die Blätterteigbücher 15 bis 20 Minuten backen, bis sie aufgegangen und goldbraun sind. Warm oder bei Raumtemperatur servieren. In einem luftdichten Behälter halten sich die Bücher 2 Tage lang.

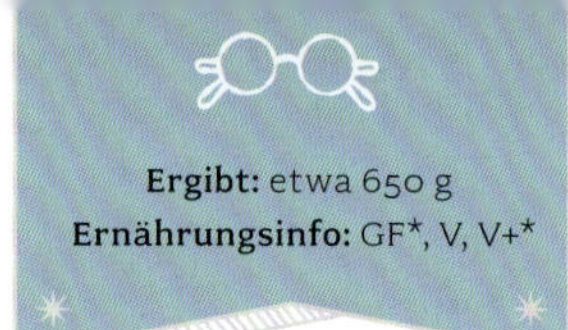

Ergibt: etwa 650 g
Ernährungsinfo: GF*, V, V+*

GRANOLA-FRÜHSTÜCK
für Trimagische Champions

Beim Trimagischen Turnier in *Harry Potter und der Feuerkelch* müssen drei Aufgaben bewältigt werden, um den Trimagischen Pokal zu gewinnen: einen Drachen überlisten, einen „Schatz" aus den Tiefen des Großen Sees bergen und ein gefährliches Labyrinth durchqueren. Da bekanntlich das Frühstück die wichtigste Mahlzeit des Tages ist, wären die vier Champions des Turniers (Viktor Krum vom Durmstrang-Institut, Fleur Delacour von der Beauxbatons-Akademie sowie Cedric Diggory und Harry Potter von Hogwarts) gut beraten, mit diesem gesunden Granola-Frühstück in den Tag zu starten. Mandeln und Pekannüsse liefern jede Menge Energie, Haferflocken und Leinsamen sind der optimale Treibstoff für unseren Körper, während köstliche Früchte und Gewürze dieses Müsli zum absoluten Geschmackserlebnis machen.

> **„Nun denn, Hogwarts wurde ausgewählt, Schauplatz einer legendären Veranstaltung, des Trimagischen Turniers, zu werden. Von jeder Schule wird nur ein Schüler ausgewählt, um anzutreten."**
>
> Albus Dumbledore,
> *Harry Potter und der Feuerkelch*

ZUTATEN

- 60 ml Kokosöl
- 60 ml Honig oder Agavensirup
- 150 g Haferflocken
- 35 g Leinsamen
- 170 g ganze Mandeln
- 60 g Pekannüsse, gehackt
- 1 TL Zimt
- ½ TL Ingwer
- 250 g Trockenfrüchte nach Wahl wie Sultaninen, Johannisbeeren, Kirschen, Aprikosen und/oder Kokosflocken

1. Backofen auf 150 °C vorheizen. Ein großes Backblech bis zum Rand mit Backpapier auslegen.
2. In einer für die Mikrowelle geeigneten Schüssel Kokosöl und Honig 1 Minute erwärmen. Vorsichtig aus der Mikrowelle nehmen und gut verrühren.
3. In einer großen Schüssel Haferflocken, Leinsamen, Mandeln, Pekannüsse, Zimt und Ingwer gut vermengen. Kokosöl-Honigmischung einrühren. Haferflockenmischung glatt auf das Backblech streichen und 15 bis 20 Minuten backen, dabei gelegentlich umrühren, bis die Mischung fast trocken ist und die Nüsse gut geröstet sind.
4. Aus dem Ofen nehmen und die gewünschte Trockenfruchtmischung unterrühren. Auf dem Blech ganz abkühlen lassen. Hält in luftdichtem Behälter bis zu 1 Monat. Das Müsli kann auch als Geschenk in kleine Tüten verpackt werden.

Tipp | Dieses Rezept wird mit glutenfreien Haferflocken glutenfrei und mit Agavensirup statt Honig vegan.

Ergibt: 6 Portionen
Ernährungsinfo: GF, V*

Snapes
BUBBLE AND SQUEAK

Bubble and Squeak, ein klassisches britisches Gericht, wurde nach den Geräuschen der Zutaten beim Kochen benannt. Sie erinnern an das Brodeln in einem Kessel im Zaubertrank-Unterricht. Das Gericht bietet sich für Reste vom Weihnachtsessen an – man kann überschüssige Kartoffeln oder Wurzelgemüse pürieren und in diesem Rezept verarbeiten. Der zweite Weihnachtsfeiertag, im Vereinigten Königreich „Boxing Day" genannt, hat nichts mit dem Sport zu tun. Früher war dies der Tag, an dem die Angestellten von ihren Arbeitgebern Geschenke, die „Christmas boxes", erhielten. Dieses herzhafte Gericht ist an sich schon ein Geschenk.

> **„Schlimmer, schlimmer noch als immer, Kessel glüh im Feuerschimmer …"**
>
> Froschchor,
> *Harry Potter und der Gefangene von Askaban*

ZUTATEN

- 1,2 kg mehlige Kartoffeln, geschält und in Würfel geschnitten
- 350 g Reste von Röstgemüse wie Sprouts Kohlsprossen (Seite 45) oder schnelles Röstgemüse (Seite 74)
- 35 g Haselnüsse
- 2 EL Olivenöl
- 6 EL gesalzene Butter

1. Gesalzenes Wasser in einem großen Topf bei mittlerer Hitze zum Kochen bringen. Gewürfelte Kartoffeln hineingeben und 10 bis 15 Minuten kochen, bis sie weich sind. Vom Herd nehmen und sofort abgießen.
2. In einer großen Schüssel die heißen Kartoffeln mit dem Gemüse vermengen und mit einem Kartoffelstampfer zerdrücken. Haselnüsse zugeben und nochmals umrühren.
3. Olivenöl und 4 EL Butter in einer großen Pfanne bei mittlerer Hitze aufschäumen lassen und dann das Gemüse zugeben. Gleichmäßig in der Pfanne verteilen und 10 Minuten rösten.
4. Die Mischung mit dem Spatel umdrehen, dabei die gebräunten Stücke vom Pfannenboden lösen. Mischung wieder glatt streichen und weitere 10 Minuten ohne Rühren rösten.
5. Nach weiteren 10 Minuten die Mischung nochmals durchrühren, dabei alle gebräunten Stücke vom Pfannenboden lösen und einrühren. Mischung wieder glatt streichen und zu einem kompakten dicken Fladen formen.
6. Weitere 20 Minuten ohne Rühren rösten. Mit einem Spatel den Boden überprüfen, ob er gut gebräunt ist. Vom Herd nehmen, Pfanne mit einem großen Schneidebrett oder Teller zudecken und den Fladen aus der Pfanne stürzen. Mit Spiegeleiern oder Rührei servieren.

Tipp | Wer's vegetarisch mag, verwendet schnelles Röstgemüse statt Sprouts Kohlsprossen.

Die weihnachtlich verschneiten Straßen von Hogsmeade, wie sie in *Harry Potter und der Gefangene von Askaban* zu sehen sind.

Ergibt: 4 Portionen

Nevilles WÜRSTCHEN IM SCHLAFROCK

Neville Longbottom verliert ständig seine Kröte Trevor. Die warzige Kreatur entfleucht bereits im Hogwarts-Express, bevor die Erstklässler in *Harry Potter und der Stein der Weisen* die Große Halle zur Zuordnungszeremonie betreten. Trevor wird in den Filmen von vier verschiedenen Kröten gespielt, die sich zwischen den Aufnahmen in einem Terrarium ausruhen konnten. Mit dem traditionellen englischen Gericht „Toad in the hole" (Kröte im Loch) hat er zum Glück nichts zu tun. Der kuriose Name rührt angeblich daher, dass die Würstchen im Teig an Kröten in ihren Höhlen erinnern.

> **„Ist hier zufällig eine Kröte? Ein gewisser Neville hat seine verloren."**
>
> Hermine Granger,
> *Harry Potter und der Stein der Weisen*

ZUTATEN

Für den Teig
250 ml Milch
1 EL Worcestershire-Sauce
1 TL Dijon-Senf
3 Eier
155 g Mehl
¼ TL Salz
frisch gemahlener Pfeffer nach Geschmack

Für die Würstchen
2 EL Pflanzenöl
2 EL Salbeiblätter, grob gezupft
500 g grobe Bratwürste

1. Backofen auf 200 °C vorheizen. Nach Möglichkeit keinen Heißluftofen verwenden, da der Luftstrom manchmal das Aufgehen der Teigmasse verhindert.
2. **Zubereitung des Teigs:** Milch, Worcestershire-Sauce, Senf und Eier in einer großen Schüssel gründlich verrühren. Mehl, Salz und gemahlenen Pfeffer in einer zweiten Schüssel vermengen. Die Eiermischung zur Mehlmischung geben und glatt rühren. Beiseitestellen und ruhen lassen.
3. **Zubereitung der Würstchen:** Eine mittelgroße gusseiserne oder andere hitzebeständige Pfanne bei mittlerer Hitze auf den Herd stellen. Pflanzenöl zugeben und, sobald es schimmert, Salbeiblätter und Würstchen einlegen. Die Würstchen 2 bis 3 Minuten auf allen Seiten anbraten. Pfanne vom Herd nehmen und die Würstchen auf einen Teller legen.
4. Die Teigmasse in die Pfanne gießen und die Würstchen darauflegen, dabei immer ein wenig Abstand zwischen den Würsten lassen. Pfanne in den Backofen stellen. Ofentür mindestens 20 Minuten lang nicht öffnen. Wenn die Masse dunkelgold gebräunt und aufgegangen ist, aus dem Ofen nehmen. Sofort servieren.
5. Passt gut zu Rührei oder Spiegeleiern.

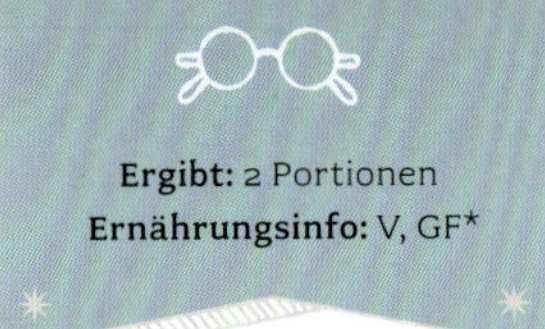

Ergibt: 2 Portionen
Ernährungsinfo: V, GF*

BLITZE-TOASTS DES AUSERWÄHLTEN

mit Eiern im Glas

Als Harry Potter — der Auserwählte — noch ein Säugling war, belegte ihn der dunkle Zauberer Lord Voldemort mit dem Avada-Kedavra-Fluch, der auf der Stirn des Jungen eine blitzförmige Narbe hinterließ. Im Laufe der acht Harry-Potter-Filme wurde die Narbe über 2000 Mal auf die Stirn von Schauspieler Daniel Radcliffe gemalt. Dieses Gericht erinnert an die Szene in *Harry Potter und der Stein der Weisen*, in der der kleine Harry in eine weiche Decke gehüllt zu sehen ist und Dumbledore ihn behutsam auf der Türschwelle der Dursleys ablegt. Das getoastete Brot, das auf das Gericht gelegt wird, ist ebenso mit einem Blitz versehen.

ZUTATEN

- 2 TL gesalzene Butter, plus mehr für das Brot
- 2 TL geriebener Cheddar-Käse
- 2 große Eier
- 1 EL Schnittlauch, klein geschnitten
- frisch gemahlener Pfeffer nach Geschmack
- 2 Scheiben Brot

Spezialausstattung

- 2 Egg-Coddler (alternativ Eierkoch-Gläser oder Einmachgläser)
- großer Bräter mit festsitzendem Deckel und einem Kochgitter oder gefalteten Geschirrtuch
- blitzförmiger Keksausstecher

„Also ist es wirklich wahr, ich meine, du hast wirklich die …?“

„Die was?“

„Die Narbe.“

Ron Weasley und Harry Potter,
Harry Potter und der Stein der Weisen

1. **Zubereitung der Eier:** Das Gitter oder das gefaltete Geschirrtuch in den großen Bräter legen und zwei leere Egg-Coddler (alternativ Eierkoch-Gläser oder Einmachgläser) daraufstellen. Topf mit Wasser füllen, bis es an den unteren Rand der Coddler-Deckel reicht. Coddler aus dem Topf nehmen und das Wasser bei mittlerer Hitze zum Kochen bringen.
2. Während das Wasser kocht, mit ½ TL Butter das Innere jedes Coddlers gründlich befetten. Käse auf dem Boden der Coddler verteilen. Eier aufschlagen und vorsichtig je ein Ei in einen Coddler gleiten lassen. Mit jeweils einem weiteren ½ TL Butter und der Hälfte des Schnittlauchs belegen. Mit frisch gemahlenem Pfeffer nach Geschmack würzen.
3. Jeden Coddler fest verschließen und in den Bräter stellen, sobald das Wasser kocht. Bräter sofort zudecken und Hitze reduzieren, sodass das Wasser siedet. 8 bis 10 Minuten bei mittlerer Hitze köcheln lassen, bis die Eier die gewünschte Härte haben.
4. **Zubereitung des Toasts:** Für die Blitze-Toasts die Brotscheiben mit Butter bestreichen und aus jedem Stück zwei Blitze ausstechen. In eine heiße Bratpfanne legen und auf beiden Seiten goldbraun anrösten. Je einen Coddler und zwei Blitze-Toasts auf einen Teller legen und sofort servieren.

Tipp | Dieses Rezept kann mit glutenfreiem Brot glutenfrei zubereitet werden.

SUPPEN UND VORSPEISEN

Ergibt: etwa 1 kg Nüsse bzw. 20 Portionen
Ernährungsinfo: GF, V

GEWÜRZNÜSSE
für die Slug-Klub-Weihnachtsparty

Professor Slughorns exklusivem Slug-Klub gehören Schüler an, die entweder besonders begabt sind, die zu seinen Günstlingen zählen oder denen eine vielversprechende berufliche Zukunft bevorsteht. Eine Besonderheit des Klubs ist seine Weihnachtsfeier, auf der köstliche Häppchen serviert werden: Obstspieße, Mini-Tacos mit Gemüse, Brezel und Nüsse. Diese würzige Mischung aus Erdnüssen, Cashews und Pekannüssen, die mit Cayennepfeffer und Garam Masala überzogen sind, spendet wohlige Wärme bei kalten Temperaturen.

> **„Los, weiterfeiern, weiterfeiern!“**
>
> Horace Slughorn,
> *Harry Potter und der Halbblutprinz*

ZUTATEN

- 100 g brauner Zucker
- 1 EL grobes Salz
- 1 EL Cayennepfeffer
- ½ EL Garam Masala
- 2 Eiweiß
- 500 g geröstete, ungesalzene Erdnüsse
- 500 g geröstete, ungesalzene Cashewkerne
- 250 g geröstete, ungesalzene Pekannusshälften

1. Backofen auf 150 °C vorheizen, zwei Backbleche bis zum Rand mit Backpapier auslegen.
2. Zucker, Salz, Cayennepfeffer und Garam Masala in einer großen Schüssel vermengen. Eiweiße zufügen und verquirlen, bis alles zu einer dicken Paste vermengt ist.
3. Alle Nüsse zugeben und verrühren, bis alle gleichmäßig mit der Zuckermischung überzogen sind. Die Mischung auf die beiden Backbleche verteilen und glatt streichen. 25 bis 30 Minuten backen, dabei nach der Hälfte der Backzeit die Bleche drehen, bis die Mischung trocken ist und duftet.
4. Komplett abkühlen lassen. In einem luftdichten Behälter können die Stücke bis zu 1 Woche aufbewahrt werden.

Tipp | Die Nussplatten lassen sich leichter in Stücke brechen, wenn sie mit dem Backpapier aufgerollt werden, solange sie noch auf dem Blech sind.

Ergibt: 12 gefüllte Eier
Ernährungsinfo: GF, V

Blubbernde KESSELCHEN

Diese kesselförmigen Eierhäppchen „blubbern" mit Schnittlauch, Erbsen und Meerrettichcreme – ein Gebräu, auf das jeder Zaubertrankhersteller stolz wäre. Die Requisitenbauer haben über zweihundert Kessel für den Zaubertrankunterricht hergestellt. Für Professor Slughorns Unterricht wurden drei spezielle Kessel für Zaubertränke angefertigt, mit denen der Lehrer seine Schüler auf die Probe stellt. Hermine Granger identifiziert sie alle drei: Ein Kessel enthält das Wahrheitselixir Veritaserum, der nächste Vielsaft-Trank und der dritte den Liebestrank Amortentia, dessen Duft den individuellen Vorlieben jedes Einzelnen entspricht. Die Düfte, die Hermine riecht, steigen farbig aus den Kesseln empor: grün für „frisch geschnittenes Gras", weiß für „neues Pergament" sowie grün-orange für „Pfefferminz-Zahnpasta".

> **„Alle Schüler sollten mit Folgendem ausgestattet sein: ein Kessel, Zinn, Normgröße 2."**
>
> Einladung für die Hogwarts-Schule für Hexerei und Zauberei, *Harry Potter und der Stein der Weisen*

Fortsetzung auf Seite 26

ZUTATEN

6 Eier
125 ml Reisweinessig
3 bis 4 Tropfen schwarze Lebensmittelfarbe
150 g gekochte Erbsen
65 g Crème fraîche
1 TL Sahnemeerrettich
1 EL Schnittlauch, fein geschnitten, plus mehr zum Garnieren
¼ TL Salz
¼ TL Knoblauchpulver
flache Zahnstocher, optional

Tipp | Man kann die Eier einen Tag im Voraus machen, dabei Eiweiß und Füllung in getrennten Behältern aufbewahren und erst kurz vor dem Servieren zusammensetzen.

Fortsetzung von Seite 25

1. **Eier kochen:** Einen Topf, groß genug, dass man die Eier in einer Schicht einlegen kann, mit kaltem Wasser füllen, sodass die Eier gerade bedeckt sind. Topf bei mittlerer Hitze auf den Herd stellen, zudecken und das Wasser zum Kochen bringen. Sobald das Wasser kocht, Topf vom Herd nehmen und zugedeckt 5 bis 6 Minuten stehen lassen, je nach gewünschter Härte des Eigelbs. Während die Eier garen, kaltes Wasser und Eiswürfel in eine große Schüssel füllen. Die Eier, sobald sie fertig sind, ins Eisbad legen und 2 bis 3 Minuten abkühlen lassen.
2. Alternativ kann jeder seine persönliche Lieblingsmethode oder vorgekochte harte Eier verwenden.
3. Die Eier schälen und quer in der Mitte durchschneiden. Mit einem Messer vorsichtig etwas Eiweiß vom runden Ende abschneiden, sodass jede Hälfte aufrecht steht.
4. Eigelb aus jedem Ei entfernen und in einem luftdicht verschlossenen Behälter in den Kühlschrank stellen.
5. Reisweinessig und Lebensmittelfarbe mit 750 ml Wasser in einem Behälter, der groß genug ist, dass die Eier in einer Schicht eingelegt werden können, vermischen. Die Eiweiße in den Behälter setzen, nach unten drücken, sodass sie sich mit dem gefärbten Wasser füllen, und mit einem Stück Backpapier beschweren, damit sie von der Flüssigkeit bedeckt bleiben. Eier 5 bis 10 Minuten im Topf lassen, bis sie die gewünschte Farbe haben. Sie sollten kleinen Kesseln ähneln.
6. Ein Backblech mit einigen Schichten Küchenpapier auslegen, die Eier mit einem Schaumlöffel aus dem gefärbten Wasser heben, mit der hohlen Seite nach unten auf das Papier legen und trocknen lassen, während man die Füllung vorbereitet.
7. Die gekochten Erbsen, Crème fraîche, Sahnemeerrettich, Schnittlauch, Salz und Knoblauchpulver in die Schüssel einer Küchenmaschine geben und ca. 1 Minute mixen, bis alles glatt ist. Eigelbe zugeben und etwa 30 Sekunden mixen, bis alles gut vermengt ist.
8. Die Eiweißhälften jeweils aufrecht hinstellen und jedes Ei mit einem gehäuften EL der Masse füllen. Mit Schnittlauchröllchen dekorieren und, wenn gewünscht, mit einem Zahnstocher als „Löffel" versehen. Sofort servieren.

Ergibt: 4 Portionen
Ernährungsinfo: GF*

Schwedischer-Kurzschnäuzler-
TATAR

Unter den verschiedenen Vorspeisen der Weihnachtsfeier von Horace Slughorns Slug-Klub findet sich auch ein Tatar, das leider nicht besonders zuträglich für einen guten Atem ist. (Genau deshalb schlingt Hermine auch ein wenig davon hinunter, um sich Cormac McLaggen vom Leib zu halten.) Dieses Tatar ist zwar von jener berüchtigten Vorspeise inspiriert, schmeckt aber zum Glück ganz und gar nicht nach ihr. Mit einer Mischung aus roten Paprikaflocken und Wasabi-Paste ist diese Version ideal, um sich bei kalten Temperaturen aufzuwärmen. Selbst ein Drache wäre Feuer und Flamme für das feurige Aroma.

> **„Wunderbare Wesen, diese Drachen, nicht, Harry?"**
>
> Alastor „Mad-Eye" Moody,
> *Harry Potter und der Feuerkelch*

ZUTATEN

- 250 g Filet mignon
- 2 EL Schalotten, fein gehackt
- ½ TL rote Paprikaflocken
- ½ TL Wasabi-Paste
- 1 TL Zitronenzesten
- 1 TL grobes Salz
- 1½ TL Reisweinessig
- 1 Eigelb, Raumtemperatur
- 2 EL Olivenöl
- getoastete Baguettescheiben oder Cracker, zum Servieren

1. Fleisch in 2,5 cm große Würfel schneiden, dabei Fett und Haut entfernen. Auf eine Platte legen und 10 Minuten einfrieren.
2. Währenddessen Schalotten, rote Paprikaflocken, Wasabi-Paste, Zitronenzesten, Salz, Reisweinessig und Eigelb in einer mittelgroßen Schüssel verrühren, bis alles gut vermengt ist. Olivenöl tröpfchenweise zugeben und weiterrühren, bis das Dressing cremig ist.
3. Fleisch aus dem Tiefkühler nehmen und portionsweise in sehr kleine Stücke hacken. Mit dem Dressing vermengen und mit getoastetem Baguette oder Crackern sofort servieren.

Tipp | Für eine glutenfreie Variante glutenfreies Baguette oder glutenfreie Cracker verwenden.

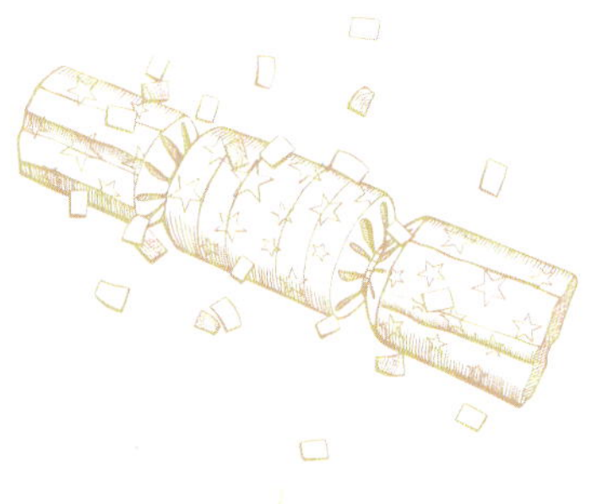

Ergibt: 6 Portionen
Ernährungsinfo: GF

Weihnachtsball-
SHRIMPSCOCKTAIL

Für das Festmahl des Weihnachtsballs in *Harry Potter und der Feuerkelch* wählte Ausstatterin Stephenie McMillan Meeresfrüchte, die passend zur winterlichen Feier kalt auf Eis serviert wurden. Der Weihnachtsball ist in vielerlei Hinsicht ein denkwürdiges Ereignis. Nicht zuletzt, weil Hermine Granger einen atemberaubenden Auftritt in einem rosa Ballkleid aus neununddreißig Metern Chiffon und Seide hinlegt. Als Ron eifersüchtig auf ihr Date ist, meint sie nur, er hätte sie eben als Erster fragen sollen …

> **„Der Weihnachtsball ist beim Trimagischen Turnier schon immer Tradition gewesen, seit dessen Anbeginn."**
>
> Minerva McGonagall,
> *Harry Potter und der Feuerkelch*

ZUTATEN

Für die Sauce
250 g griechischer Joghurt

65 g Mayonnaise

1 TL Currypulver

½ TL Salz

¼ TL Cayennepfeffer

Für die Shrimps
500 g (16 bis 20 Stück) ganze Shrimps

1 l schwach gesalzene Gemüsebrühe

3 unbehandelte Zitronen, 1 davon halbiert, der Rest in Spalten geschnitten, zum Dekorieren

2 Lorbeerblätter

1 EL Pfefferkörner

2 Knoblauchzehen, geschält und zerdrückt

1. **Zubereitung der Sauce:** Joghurt, Mayonnaise, Currypulver, Salz und Cayennepfeffer in einem luftdicht verschließbaren 500-ml-Behälter vermengen, verschließen und mindestens 30 Minuten oder bis zum Servieren kalt stellen, damit sich der Geschmack entwickeln kann.
2. **Zubereitung der Shrimps:** Mit einer Küchenschere Shrimps entlang des Rückens aufschneiden, dabei den Schwanz intakt lassen und den Darm entfernen.
3. Gemüsebrühe mit Zitronenhälften, Lorbeerblättern, Pfefferkörnern und Knoblauchzehen zum Kochen bringen, Hitze reduzieren, Shrimps zugeben und zugedeckt 3 bis 5 Minuten köcheln, bis sie rosa sind.
4. Mit einer Küchenzange die Shrimps auf eine Platte legen. Wenn die Shrimps abgekühlt sind, schälen und bis zum Servieren mindestens 30 Minuten kalt stellen. Man kann die Shrimps auch einen Tag im Voraus zubereiten und in einem luftdichten Behälter im Kühlschrank aufbewahren.
5. Vor dem Servieren die Sauce in eine kleine Schüssel füllen, diese in die Mitte einer Platte stellen und die Shrimps über den Rand der Schüssel legen.
   Mit Zitronenspalten garnieren.

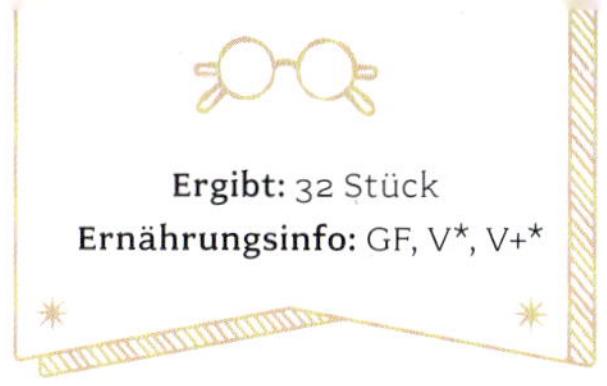

Ergibt: 32 Stück
Ernährungsinfo: GF, V*, V+*

Slughorns APPETITHÄPPCHEN

Die Dekoration für die Weihnachtsfeier des Slug-Klubs war auf die gedämpften Rot- und Grüntöne der mit Quasten verzierten Paisleyrobe des Professors abgestimmt. Für die Location wurde der Raum der Wünsche umdekoriert und die Säulen mit jadegrüner Seide verkleidet. In Anspielung auf die typischen Weihnachtsfarben findet sich unter den Gerichten auf den rot gedeckten Tischen Sushi, das mit grünem Nori umwickelt ist.

> **„In früheren Zeiten habe ich gelegentlich mal ein kleines Abendessen veranstaltet für ein oder zwei ausgewählte Schüler. Haben Sie Lust, zu kommen?"**
>
> Horace Slughorn,
> *Harry Potter und der Halbblutprinz*

ZUTATEN

- 450 g ungekochter Sushireis
- 2 TL Reisweinessig
- 1 TL Salz
- 125 g Krabbenfleisch oder gekochte Shrimps, gehackt
- 1 EL Mayonnaise
- ½ TL Sriracha
- 1 TL getrockneter Schnittlauch
- ½ TL Zwiebelpulver
- 4 Noriblätter
- 2 kleine Salatgurken, gestiftelt
- ½ Avocado, in dünne Scheiben geschnitten
- 2 TL Kapern

Spezialausstattung
Sushimatte

1. Sushireis nach Packungsangabe kochen. Danach mit einem flachen Holzlöffel auf ein Backblech streichen, Reis mit Reisweinessig beträufeln, mit Salz bestreuen und mit dem Löffel vorsichtig einarbeiten. Danach wieder glatt streichen und beiseitestellen.
2. Krabben oder Shrimps mit Mayonnaise, Sriracha, Schnittlauch und Zwiebelpulver vermengen.
3. Jeweils ein Noriblatt mit der langen Seite zum Körper auf eine Sushimatte legen. Mit leicht befeuchteten Händen etwa 120 g Reis auf das Noriblatt von Kante zu Kante streichen, dabei einen Rand von 2 cm an der vom Körper abgewandten Seite freilassen. Die Hälfte der Meeresfrüchtemischung mittig auf dem Reis verteilen. Die Rolle vom Körper weg einrollen, dabei die Füllung so zusammenpressen, dass eine feste Rolle entsteht. Den Rand der Matte anheben und mit den Fingern den leeren Noristreifen auf die Rolle drücken. Mit der Matte abdecken und nochmals rollen, um die Rolle noch fester zu machen. Von der Matte nehmen und beiseitestellen.
4. Diese Schritte wiederholen, zuerst mit den restlichen Meeresfrüchten, sodass zwei Rollen fertig sind, danach mit dem Gemüse, wobei je die Hälfte der Gurken, Avocado und 1 TL Kapern für jede Rolle verwendet werden. Die fertigen Rollen mit einem scharfen Messer in je 8 gleiche Stücke schneiden, auf einer Platte arrangieren und sofort servieren.
5. Wenn gewünscht, Sojasauce dazu reichen.

Tipp | Die Füllung kann nach Wunsch geändert werden, entweder nur Meeresfrüchte oder nur vegetarisch. Oder man wird kreativ und wählt eine eigene — Räucherlachs, dünn geschnittenes Rindfleisch oder Tobiko-Kaviar eignen sich sehr gut.

Auf dem Konzeptbild von Adam Brockbank für *Harry Potter und die Kammer des Schreckens* gleiten in der Weihnachtszeit Schlitten über den zugefrorenen See.

Nicolas Flamels
VICHYSSOISE-SUPPE

Nicolas Flamel ist ein französischer Alchemist, der zur Zeit von *Harry Potter und der Stein der Weisen* 665 Jahre alt ist – und der einzige bekannte Hersteller des titelgebenden Steins. Obwohl nur ein Exemplar des einzigartigen Steins existiert, schufen die Requisitenbauer für den Film mehrere Versionen aus rubinrotem Gießharz. Harry war überrascht, den Stein in seiner Tasche zu finden. Ähnlich wird es jedem ergehen, der in seiner Suppe eine geröstete Tomate entdeckt – in der gleichen Farbe wie der Stein der Weisen! Die Vichyssoise ist eine klassische französische Kartoffel-Lauch-Suppe, die kalt statt heiß serviert wird.

ZUTATEN

Für die Vichyssoise

4 große Lauchstangen

3 EL Butter

1 EL Olivenöl

1 TL grobes Salz, plus mehr zum Würzen

500 g mehlige Kartoffeln, geschält und in Würfel geschnitten

1,25 l Gemüsebrühe

250 g Schlagsahne

½ TL gemahlener weißer Pfeffer

Für die Stein-der-Weisen-Tomaten

8 Kirschtomaten

1 EL Olivenöl

bis zu 1 TL Salz

„Es gibt heute nur noch einen einzigen Stein. Sein Besitzer ist Mr Nicolas Flamel, angesehener Alchemist. Vergangenes Jahr beging er seinen 665. Geburtstag."

Hermine Granger,
Harry Potter und der Stein der Weisen

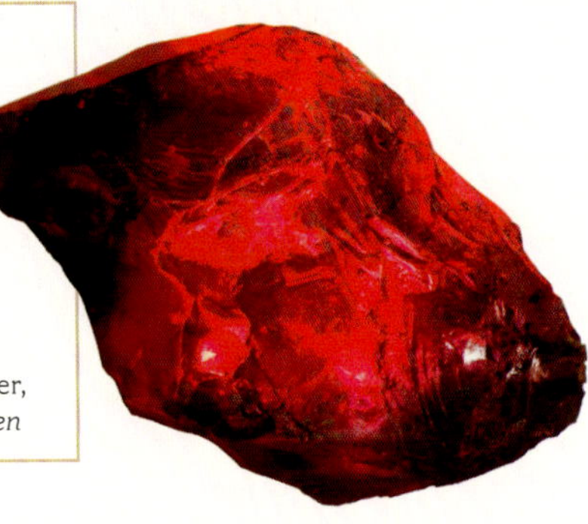

1. **Zubereitung der Suppe:** Die weißen und hellgrünen Teile des Lauchs dünn schneiden, in ein großes Sieb legen und gut abspülen.
2. In einem großen Topf Butter, Olivenöl und 1 TL Salz bei mittlerer Hitze erwärmen. Sobald die Butter geschmolzen ist, Lauch zugeben. Unter häufigem Rühren 10 bis 15 Minuten weich dünsten, aber nicht bräunen lassen.
3. Kartoffeln zugeben und durch Rühren mit dem Butter-Öl-Gemisch überziehen, dann Gemüsebrühe zugeben. Hitze auf mittel bis hoch erhöhen, Gemüse zum Kochen bringen, dann Hitze reduzieren und 30 Minuten köcheln lassen, bis die Kartoffeln sehr weich sind.
4. Vom Herd nehmen und mit einem Stabmixer 2 bis 3 Minuten fein pürieren. Schlagsahne, weißen Pfeffer und eventuell mehr Salz nach Geschmack zugeben.
5. **Zubereitung der Stein-der-Weisen-Tomaten:** Während die Suppe köchelt, Backofen auf 200 °C vorheizen.
6. Tomaten mit der Strunkseite nach unten auf ein Backblech mit höherem Rand setzen und mit Olivenöl beträufeln. 10 bis 15 Minuten rösten, bis sie weich sind und aufspringen. Jede Tomate mit einer Prise Salz bestreuen.
7. Zum Servieren je eine Tomate auf den Boden von Suppentellern oder -schüsseln legen und die Suppe mit einem Schöpflöffel darübergießen.

Tipp | Die Vichyssoise-Suppe kann heiß oder kalt serviert werden. Reste kann man in einem luftdichten Behälter bis zu 3 Tage aufbewahren. Die gerösteten Tomaten können in einem separaten Behälter ebenfalls bis zu 3 Tage aufbewahrt werden.

Ergibt: 8 Portionen
Ernährungsinfo: GF, V, V+

Hagrids
KÜRBISEINTOPF

Hinter Hagrids Hütte erstreckt sich ein üppiges Kürbisfeld, das die Hauptzutat für diesen nahrhaften Eintopf liefern könnte. Auch Hagrids Hippogreif Seidenschnabel, der sich gern in dem Beet ausruhte, dürfte wohl der Versuchung nicht widerstanden und hin und wieder an dem Gemüse geknabbert haben. Die Szenen im Kürbisfeld in *Harry Potter und der Gefangene von Askaban* wurden auf einem Hügel in den schottischen Highlands gedreht. Der sitzende animatronische Seidenschnabel wurde auf Schienen über den schlammigen Boden gezogen, da es während der Dreharbeiten fast jeden Tag regnete. Umso besser, dass es für uns diesen Eintopf gibt, der selbst die trübsten Tage aufhellt.

> **„Hogwarts ist nicht Hogwarts ohne dich.“**
>
> Harry Potter,
> *Harry Potter und der Gefangene von Askaban*

ZUTATEN

- 1 Bund bunter Mangold
- 1 EL Harissa-Pulver
- 1 Dose Kichererbsen (470 g)
- 2 EL Olivenöl
- 1 gelbe Zwiebel, in Würfel geschnitten
- 2 rote Paprikaschoten, entkernt und in Würfel geschnitten
- 2 TL Salz
- 1,5 l Gemüsebrühe
- 1 Dose Tomatenmark (180g)
- 750 g bis 1 kg Hokkaidokürbis, in Würfel geschnitten

1. Blätter von den Mangoldstielen trennen und beiseitestellen. Stiele abspülen und in kleine Würfel schneiden.
2. Harissa und Kichererbsen in einen großen Topf geben und unter ständigem Rühren bei mittlerer bis hoher Hitze 2 bis 3 Minuten erhitzen, bis die Harissa-Gewürze duften und die Kichererbsen trocken sind.
3. Olivenöl eingießen, umrühren, um die Kichererbsen damit zu überziehen. Zwiebel, Paprika und Mangoldstiele zugeben. 2 bis 3 Minuten sautieren, bis die Zwiebel weich wird. Salzen und weitere 3 bis 4 Minuten kochen, bis das Gemüse Saft lässt. Den Saft verdampfen lassen.
4. Gemüsebrühe und Tomatenmark zugeben und unterrühren. Kürbisstücke hinzufügen und den Eintopf 20 bis 30 Minuten köcheln lassen, bis der Kürbis weich ist.
5. Kurz vor dem Servieren Mangoldblätter abspülen, grob hacken, in die Suppe rühren und 1 Minute kochen lassen. Sofort servieren.
6. Den Eintopf kann man einen Tag im Voraus zubereiten und in einem luftdicht verschließbaren Behälter kalt stellen.

Tipp | Wenn man den Eintopf im Voraus zubereitet, sollte man die Mangoldblätter erst vor dem Servieren zugeben. Suppe erhitzen, Blätter zugeben, umrühren und 1 Minute kochen lassen.

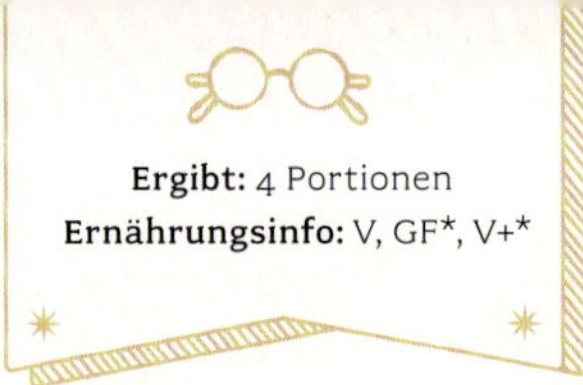

Ergibt: 4 Portionen
Ernährungsinfo: V, GF*, V+*

TOMATENSUPPE

mit gegrilltem Käsesandwich nach Art des *Tropfenden Kessels*

Eine wärmende Tomatensuppe mit einem gegrillten Käsesandwich ist eine typisch britische Mahlzeit, die man womöglich auch im *Tropfenden Kessel* bekommen würde. Zumindest sind in einem Wirtshaus, das Kessel im Namen trägt, Suppen geradezu ein Muss. Und Tatsächlich werden auf einem Schild, das von der Grafikabteilung für *Harry Potter und der Stein der Weisen* entworfen wurde, mehrere Suppen angeboten, darunter „Leaky House Soup", „Soup Leaky House" und „House Soup Leaky". Als Beilage zu dieser üppigen Tomatensuppe gibt es ein gegrilltes Käsesandwich, das mit Marmite zubereitet wird. Dabei handelt es sich um einen britischen Brotaufstrich aus Hefekulturen, die beim Bierbrauen anfallen.

ZUTATEN

Für die Suppe

- 1 kg Pflaumentomaten
- 2 EL Olivenöl
- 1 TL grobes Salz
- 1 gelbe Zwiebel, grob gehackt
- 3 Knoblauchzehen, geschält und zerdrückt
- 60 ml Balsamicoessig
- 500 ml Gemüsebrühe
- 125 ml ungesüßte Hafermilch

Für die Sandwiches

- 8 Scheiben Weißbrot oder Buttermilchbrot
- 3 EL ungesalzene Butter
- 4 TL Marmite
- 185 g Cheddar-Käse, fein gerieben

„Der Tropfende Kessel! Wenn du da Linsensuppe nimmst, iss sie schnell, bevor sie dich isst!"

Schrumpfkopf zu Harry Potter im Fahrenden Ritter,
Harry Potter und der Gefangene von Askaban

1. **Zubereitung der Suppe:** Backofen auf 230 °C vorheizen und das Gitter in das obere Drittel schieben.
2. Tomaten halbieren und den Großteil des Fruchtfleisches samt Samen entfernen. Mit der Schnittfläche nach unten auf ein Backblech mit höherem Rand setzen, mit 1 EL Olivenöl bestreichen und mit Salz bestreuen. 15 bis 20 Minuten rösten, bis die Tomaten weich sind und Blasen werfen.
3. Während die Tomaten im Ofen sind, 1 EL Olivenöl in einem mittelgroßen Suppentopf bei mittlerer bis hoher Hitze erwärmen. Zwiebel und Knoblauch zugeben und unter häufigem Rühren 7 bis 10 Minuten braten, bis die Zwiebel ganz weich und leicht braun ist.
4. Mit Balsamicoessig ablöschen. Hitze reduzieren und die Zwiebel köcheln lassen, bis beinahe die ganze Flüssigkeit verkocht ist.
5. Die gerösteten Tomaten und die Gemüsebrühe zugeben und 15 bis 20 Minuten köcheln lassen, bis die Knoblauchzehen ganz weich sind und die Mischung leicht eingedickt ist.
6. Mit einem Stabmixer etwa 3 Minuten sehr fein pürieren. Hafermilch zugießen und umrühren.
7. Suppe sofort servieren oder in einem luftdicht verschließbaren Behälter bis zu 3 Tage kalt stellen.

Tipp | Hat man keinen Pürierstab, Suppe 30 Minuten abkühlen lassen und in einem Standmixer vorsichtig fein pürieren. Wieder erhitzen und Hafermilch einrühren.

8. **Zubereitung der Sandwiches:** Rinde von den Brotscheiben schneiden. Jede Scheibe mit der Hälfte der Butter auf einer Seite gleichmäßig bestreichen und in einer großen Pfanne bei mittlerer bis hoher Hitze goldbraun rösten.
9. Aus der Pfanne nehmen und jede gebutterte Seite mit 1 TL Marmite bestreichen.
10. Die Marmite-Seite mit etwa 45 g Cheddar-Käse belegen. Eine zweite Scheibe mit der Marmite-Seite nach unten darauflegen. Mit der restlichen Butter die Außenseiten von jedem Sandwich bestreichen. Sandwiches, immer ein oder zwei gleichzeitig, in die Pfanne legen und auf beiden Seiten etwa 2 Minuten goldbraun rösten.
11. Jedes Sandwich halbieren und sofort mit einer Portion heißer Suppe servieren.

Tipp | Diese Rezept kann mit pflanzenbasiertem Aufstrich und Käse vegan zubereitet werden. Für eine glutenfreie Variante glutenfreies Brot wählen.

BROTE UND BEILAGEN

Ergibt: 8 bis 10 Portionen
Ernährungsinfo: V

Fuchsbau-
WILLKOMMENSKRANZ

In *Harry Potter und der Halbblutprinz* verbringt Harry Weihnachten im Fuchsbau, dem etwas eigenwillig gestalteten Haus der Weasleys. Die rothaarige Familie empfängt Harry stets mit offenen Armen. „Die Weasleys sind wirklich die einzige Familie, die Harry in Sachen Liebe und Freundschaft hat“, meint Julie Walters, die das weibliche Familienoberhaupt Molly Weasley spielt. Die Zuneigung zwischen den Familienmitgliedern ist offensichtlich (auch wenn Percy manchmal außen vor ist), und so überrascht es auch nicht, dass ihr Haus an den Feiertagen allen offensteht. Dieser essbare Weihnachtskranz mit Pesto und Kirschpaprika-„Beeren“ lädt alle zu einem gemütlichen Miteinander ein.

„Es ist nichts Besonderes, unser Haus eben.“

„Ich find’s super hier.“

Ron Weasley und Harry Potter,
Harry Potter und die Kammer des Schreckens

Fortsetzung auf Seite 44

Fortsetzung von Seite 43

ZUTATEN

Für den Teig
180 ml Vollmilch, erwärmt auf 43 °C

1 EL Zucker

1 Päckchen (2¼ TL) Trockenhefe

470 g Mehl

3 EL Olivenöl, plus mehr zum Befetten der Schüssel

1 Ei

1 TL grobes Salz

Für das Pesto
60 g Walnusskerne

30 g Baby-Rucola

15 g Basilikumblätter

¼ TL Knoblauchpulver

½ TL grobes Salz

2 TL Olivenöl

Für den Kranz
1 EL Olivenöl

60 g Parmesan, gerieben

3 eingelegte Kirschpaprika, optional

2 Mini-Mozzarella, optional

5 Rucolablätter, optional

Tipp | Überzählige Kirschpaprika mit Mini-Mozzarella füllen und mit dem Brot servieren.

1. **Für den Teig:** Milch, Zucker und Hefe in einer kleinen Schüssel verrühren und 5 Minuten beiseitestellen, bis das Gemisch zu schäumen beginnt.
2. Während die Hefe aufgeht, Mehl, Olivenöl, Ei und Salz in die Schüssel einer Küchenmaschine mit Knethaken füllen. Kurz rühren, um alles zu vermengen.
3. Sobald die Hefe aufgegangen ist, in die Küchenmaschine geben und bei langsamer Geschwindigkeit etwa 5 Minuten zu einem Teig verkneten. Sollte der Teig zu feucht sein, nach und nach 1 EL Mehl zugeben, bis die gewünschte Konsistenz erreicht ist. Sobald sich der Teig von der Schüssel löst, noch weitere 5 Minuten kneten, bis er glatt und elastisch ist.
4. Teig in eine große, mit Öl befettete Schüssel legen. Mit einem sauberen Geschirrtuch zudecken, 1 bis 1½ Stunden ruhen lassen, bis der Teig zur doppelten Größe aufgegangen ist und beim Berühren leicht nachgibt.
5. **Während der Teig aufgeht, das Pesto zubereiten:** Walnüsse in eine Küchenmaschine mit Schneideeinsatz geben und 2 bis 3 Mal kurz einschalten. Rucola und Basilikumblätter zugeben und noch mal mixen, bis sie fein zerkleinert sind. Knoblauchpulver, Salz und Olivenöl zufügen und alles zu einer dicken Paste verrühren. In einen luftdicht verschließbaren Behälter geben und bis zur Verwendung kalt stellen.
6. **Zusammensetzen:** Ein Backblech mit einer Silikonbackmatte oder Backpapier auslegen.
7. Wenn der Teig aufgegangen ist, diesen auf einer leicht bemehlten Arbeitsfläche zu einem ca. 25 x 30 cm großen Rechteck ausrollen. Die Oberfläche mit 1 EL Olivenöl bestreichen, Pestomischung und Parmesan gleichmäßig darauf verteilen.
8. Den Teig, beginnend an der Längsseite, zu einer festen Rolle formen und die Enden zusammendrücken. Mit einem scharfen Messer die Rolle der Länge nach in der Mitte durchschneiden. Mit der Füllung nach oben die beiden Stücke so umeinanderwinden, als würde man eine Kordel drehen.
9. Den Teigstrang vorsichtig auf das Backblech legen und zu einem kreisförmigen Kranz biegen, dabei die Enden als Verbindung zusammendrücken. Reste der Füllung aufbewahren und über etwaige leere Teigstellen des Kranzes streuen, besonders dort, wo die Enden aufeinandertreffen. Mit eingeölter Frischhaltefolie zudecken und etwa 15 Minuten gehen lassen, während man den Backofen auf 200 °C vorheizt. 25 bis 30 Minuten goldbraun backen. Mindestens 15 Minuten vor dem Dekorieren und Servieren abkühlen lassen. Zum Dekorieren jede Kirschpaprika mit einer Mozzarellakugel füllen und in den Kranz drücken oder mit einem Zahnstocher daraufstecken. Die Rucolablätter an den Seiten darunterschieben.

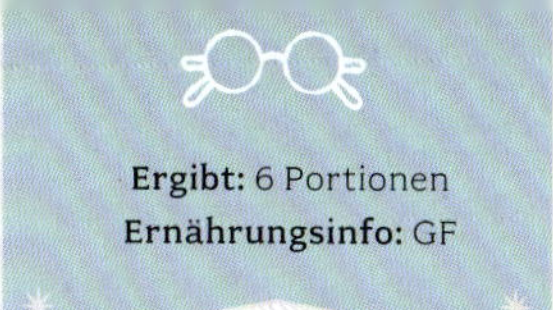

Ergibt: 6 Portionen
Ernährungsinfo: GF

Sprouts
KOHLSPROSSEN

Professor Pomona Sprout unterrichtet Kräuterkunde in den Gewächshäusern von Hogwarts, wo Pflanzen aller Art Zutaten für Zaubertränke liefern. Einige dieser Pflanzen sind wohl auch besonders schmackhaft und nahrhaft — so wie der Rosenkohl in diesem Rezept. Damit der Rosenkohl genauso gut schmeckt wie der von Professor Sprout, sollten die dickeren äußeren Blätter entfernt werden, die meist bitterer schmecken. Nicht vergessen, den Rosenkohl gut zu waschen, um etwaige Schmutzreste zu entfernen. In diesem Rezept sorgen Speck für die richtige Würze und getrocknete Cranberrys für einen Hauch Süße.

> **„Willkommen in Gewächshaus drei, Zweitklässler."**
>
> Pomona Sprout,
> *Harry Potter und die Kammer des Schreckens*

ZUTATEN

- 500 g Rosenkohl
- 4 Scheiben Speck, in Würfel geschnitten
- 1 EL Olivenöl
- 30 g getrocknete Cranberrys
- ½ TL Salz

1. Backofen auf 190 °C vorheizen.
2. Harte und beschädigte Blätter des Rosenkohls entfernen, Kohlsprossen in einem Sieb abspülen und abtropfen lassen. Die harten Strünke abschneiden, Kohlsprossen halbieren und beiseitestellen.
3. Speckstücke auf einem Backblech mit höherem Rand verteilen und 7 Minuten braten, dann das Blech aus dem Ofen nehmen. Kohlsprossen mit Olivenöl beträufeln und mit der Schnittseite nach unten in einer Schicht auf das Backblech legen. Weitere 10 bis 15 Minuten rösten, bis der Rosenkohl gar und an den Schnittkanten gut gebräunt ist.
4. Mit den Cranberrys und Salz bestreuen. Sofort servieren.
5. Reste in einem luftdicht verschließbaren Behälter aufbewahren und für die Zubereitung von Bubble and Squeak (Seite 13) verwenden.

Die für den Weihnachtsball mit Silber und Eis bedeckte Große Halle, Konzeptkunst von Adam Brockbank für *Harry Potter und der Feuerkelch*

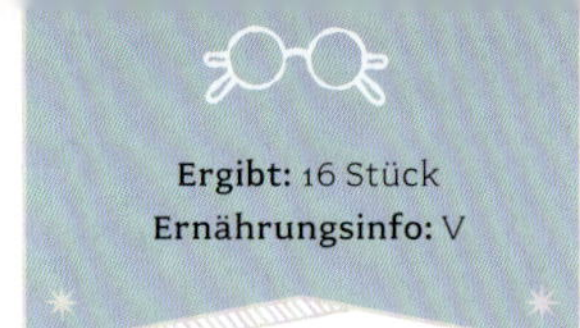

Ergibt: 16 Stück
Ernährungsinfo: V

Grimmauldplatz-
BRÖTCHEN

In *Harry Potter und der Orden des Phönix* feiert die Familie Weasley mit Harry und Hermine Weihnachten am Grimmauldplatz Nr. 12, dem Geburtshaus von Sirius Black und zugleich Sitz vom Orden des Phönix. Auf dem langen Küchentisch steht ein klassisches Festtagsessen, darunter ein Teller mit Brötchen, die als Inspiration für dieses Gericht dienten, und daneben eine Platte mit Truthahn und Kartoffeln. Der rund sechs Meter lange Küchentisch der Familie Black wurde eigens für den Film gefertigt, denn so lange Tische sind schwer aufzutreiben! Leicht zu finden sind dagegen die Zutaten für diese köstlich knusprigen Leckerbissen, die nicht nur zu Weihnachten wunderbar schmecken.

> **„Oh, Harry, Harry! Da bist du ja. Frohe Weihnachten!"**
>
> Molly Weasley,
> *Harry Potter und der Orden des Phönix*

ZUTATEN

- 125 ml Vollmilch, erwärmt auf 43 °C
- 1 EL Honig
- 1 Päckchen (2¼ TL) Trockenhefe
- 785 g Mehl
- 1 Dose Kürbispüree (470 g)
- 4 EL weiche Butter, plus mehr zum Servieren
- 1 Ei
- 2 TL grobes Salz
- 2 TL Paprikapulver
- 1 TL getrockneter Rosmarin
- 1 verquirltes Ei (mit 1 EL Wasser verrührt)
- 2 TL Fleur de sel, optional

1. Warme Milch, Honig und Hefe in einer kleinen Schüssel verrühren und etwa 5 Minuten beiseitestellen, bis die Hefe zu schäumen beginnt.
2. Mehl, Kürbispüree, Butter, Ei, Salz, Paprikapulver und ½ TL getrockneten Rosmarin in der Schüssel einer Küchenmaschine mit einem Knethaken kurz vermengen, Hefe-Milch-Mischung zugeben und weiterkneten.
3. Sobald sich ein klebriger Teig bildet, die Küchenmaschine stoppen und den Teig an den Seiten der Schüssel nach unten schaben. Weitere 5 Minuten bei niedriger Geschwindigkeit verarbeiten. Den Teig, wenn er sich von der Schüssel löst und elastisch ist, in eine große geölte Schüssel legen und mit einem sauberen Geschirrtuch zudecken. 1 bis 1½ Stunden gehen lassen, bis der Teig zur doppelten Größe aufgegangen ist.
4. Während der Teig aufgeht, 2 Backbleche mit Silikonbackmatten oder Backpapier auslegen.
5. Auf einer leicht bemehlten Arbeitsfläche den Teig in 16 gleich große Portionen teilen. Teigstücke nacheinander mit bemehlten Händen zu etwa 40 cm langen Schlangen rollen und zu Knoten schlingen. Die fertigen Knoten auf das Backblech legen und etwa 1 Stunde aufgehen lassen.
6. Gegen Ende der Gehzeit Backofen auf 190 °C vorheizen. Die Knoten mit verquirltem Ei bestreichen und mit dem restlichen Rosmarin bestreuen. Die Brötchen backen, bis sie goldgelb sind und ihre Innentemperatur 90 °C erreicht hat. Aus dem Ofen nehmen und, wenn gewünscht, jedes Brötchen mit einer Prise Fleur de sel bestreuen. Warm mit weicher Butter servieren.

GRYFFIND

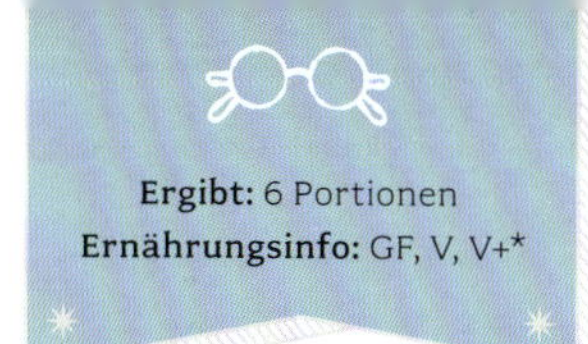

Ergibt: 6 Portionen
Ernährungsinfo: GF, V, V+*

Sirius Blacks
OFENKARTOFFELN

In der Zauberwelt können Botschaften über die Eulenpost, mithilfe eines Patronus und durch Porträts übermittelt werden. Und was ist mit einem Gespräch von Angesicht zu Angesicht über die Glut eines Kamins? Ja, auch das ist möglich. In *Harry Potter und der Feuerkelch* tauschen sich Harry Potter und Sirius Black auf diese Weise im großen Kamin des Gryffindor-Gemeinschaftsraums aus. Der Gemeinschaftsraum war der erste gemütliche Ort, an dem Harry sich nach dem Schrank unter der Treppe geborgen fühlte. Für ähnlich viel Wohlbehagen wie die roten Plüschsofas vor dem lodernden Feuer im Gemeinschaftsraum sorgen diese köstlich zarten Kartoffeln. Sie sind vollständig mit einer Mischung aus schwarzem Lavasalz und grobem Salz überzogen. Ihre aschige Kruste entsteht, wenn sie in einer gusseisernen Pfanne gebacken werden.

> **„Wir treffen uns Samstagnacht um eins im Gryffindor-Gemeinschaftsraum."**
>
> Brief von Sirius Black,
> *Harry Potter und der Feuerkelch*

ZUTATEN

- 750 g kleine Kartoffeln
- 500 g grobes Salz
- 3 Zweige Rosmarin
- 60 g Lavasalz
- 2 EL Butter, optional

1. Backofen auf 190 °C vorheizen. Kartoffeln gut waschen und abtrocknen.
2. Auf dem Boden einer gusseisernen Pfanne 250 g grobes Salz als Basis verteilen. Kartoffeln in einer Schicht darauf verteilen. Rosmarinzweige am Pfannenrand ins Salz legen.
3. Das restliche Salz mit dem Lavasalz mischen und gleichmäßig über den Kartoffeln verteilen. Sie müssen nicht vollständig, aber zum größten Teil bedeckt sein.
4. 45 Minuten bis 1 Stunde backen, bis die Schalen aufplatzen und man die Kartoffeln mit einer Gabel leicht einstechen kann.
5. Mit einer Gabel oder Küchenzange die Kartoffeln aus dem Salz nehmen. Entweder so servieren oder mit 2 EL Butter bestreichen.

Tipp | Wenn das Salz abgekühlt ist, kann man es zum Backen weiterer Kartoffeln, als Gewicht zum Backen von Teigböden oder zum Schrubben von Töpfen verwenden. Ohne Butter ist das Rezept vegan.

Ergibt: 2 Fladen oder etwa 12 Portionen
Ernährungsinfo: V, V+

Weasley-Pullover-
FOCACCIA

Da das Haus der Weasleys nach den Vorstellungen der Szenenbildner und Requisitenbauer sehr zugig ist, ist es nicht verwunderlich, dass Molly Weasley jede Menge warme Sachen für ihre Familie strickt. Das spiegelt sich auch in den Weihnachtsgeschenken wider: Im Laufe der Zeit schenkt Molly jedem ihrer Kinder einen Pullover mit seinen Initialen auf der Vorderseite. Wie in *Harry Potter und der Stein der Weisen* zu sehen ist, erhält auch Harry in seinem ersten Jahr in Hogwarts einen selbst gestrickten Pulli. Die italienischen Fladenbrote, Focaccia genannt, sind mit den Monogrammen von Harry und Ron dekoriert. Wer kreativ ist, verziert sie mit dem eigenen Monogramm.

> **„Was hast du denn da an?"**
>
> **„Den hat Mum mir gestrickt. Dir schenkt sie, glaub ich, auch einen."**
>
> Harry Potter und Ron Weasley,
> *Harry Potter und der Stein der Weisen*

Fortsetzung auf Seite 54

Fortsetzung von Seite 53

1. Wasser, Zucker und Hefe in einer mittelgroßen Schüssel oder einem Messbecher verrühren. Etwa 5 Minuten beiseitestellen, bis die Mischung zu schäumen beginnt.
2. Mehl und Salz in einer großen Schüssel verrühren. Sobald die Hefe aufschäumt, diese zur Mehlmischung geben und mit einem Gummispatel verrühren, bis kein trockenes Mehl mehr vorhanden ist und sich ein klebriger Teig bildet.
3. 4 EL Olivenöl in eine große Schüssel geben, Teig hinzufügen und 2 bis 3 Mal drehen, um ihn mit Öl zu überziehen. Mit einem sauberen Geschirrtuch oder Frischhaltefolie zudecken. An diesem Punkt kann man den Teig entweder über Nacht kalt stellen oder 4 Stunden an einem warmen Ort zu doppelter Größe aufgehen lassen.
4. Den Teig, wenn er aufgegangen ist, mehrmals übereinanderschlagen, um die Luft entweichen zu lassen, und eine Kugel bilden.
5. 2 EL Olivenöl auf jedes kleine Backblech oder 4 EL auf das große Blech geben und gut verteilen. Teig in zwei Hälften teilen und auf das Blech legen. Das restliche Öl aus der Schüssel auf die beiden Fladen verteilen. Teig an einem warmen Ort etwa 1½ Stunden zu doppelter Größe aufgehen lassen. Er ist fertig, wenn die Druckstelle eines Fingers sich langsam wieder zurückbildet und einen Abdruck hinterlässt. Gegen Ende der Gehzeit den Backofen auf 230 °C vorheizen.
6. Sobald der Teig aufgegangen ist, diesen vorsichtig mit den Fingern zu den Kanten des Blechs drücken und dann mit den Fingerspitzen über die ganze Fläche Dellen eindrücken.
7. Mit Gemüse und/oder Früchten dekorieren, indem man in der Mitte des einen Fladens ein R und im anderen ein H (oder die eigenen Buchstaben) als Monogramm gestaltet. Mit je 1 EL Olivenöl beträufeln und mit ½ TL Fleur de sel bestreuen. 25 bis 30 Minuten goldbraun backen, bis die Ränder knusprig sind. Warm servieren. Reste kann man in einem luftdicht verschließbaren Behälter bis zu 3 Tage aufbewahren.

ZUTATEN

625 ml Wasser, erwärmt auf 43 °C

2 TL Zucker

1 Päckchen (2¼ TL) Trockenhefe

785 g Mehl

1 EL grobes Salz

125 ml plus 2 EL Olivenöl

500 g Beeren oder Gemüsewürfel (siehe Tipp)

1 TL Fleur de sel, optional

Spezialausstattung
2 kleine oder 1 großes Backblech mit höherem Rand

Tipp | Klein gewürfelte Paprikaschoten, Frühlingszwiebeln, rote Zwiebeln oder Karotten eignen sich gut als Gemüsedekoration. Blaubeeren und Himbeeren, aber auch in Scheiben geschnittene Erdbeeren und Birnen eignen sich gut für die Obstvariante. Man sollte auf die Qualität des Olivenöls achten, denn im Endprodukt schmeckt man es stark heraus.

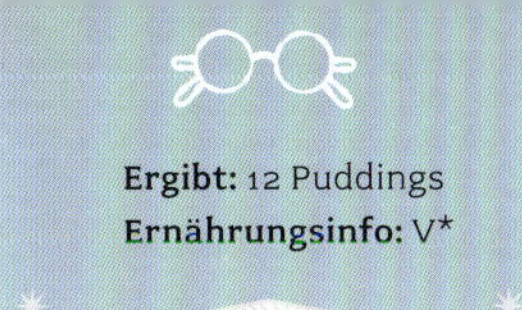

Ergibt: 12 Puddings
Ernährungsinfo: V*

YORKSHIREPUDDING
wie in Hogwarts

So wie es in der Hogwarts-Schule für Hexerei und Zauberei vier Häuser gibt, braucht es auch vier Zutaten für den traditionellen britischen Yorkshirepudding: Eier, Milch, Salz und Mehl. In Großbritannien ist die Bezeichnung „Pudding" ein Synonym für ein Dessert. Sie kann sich aber auch auf Beilagen zu Braten beziehen, so wie dieses knusprig luftige Gebäck. Yorkshirepuddings stammen ursprünglich aus York in Nordengland.

„Willkommen zu einem weiteren Jahr in Hogwarts. Ich möchte ein paar Worte an euch richten, bevor das herrliche Festmahl unsere Sinne zu sehr berauscht."

Albus Dumbledore,
Harry Potter und der Gefangene von Askaban

Tipp | Bratenfond vom Roastbeef ist ein Klassiker für Yorkshirepudding, doch wenn man weniger als 60 ml hat, kann man ihn mit hoch erhitzbarem Öl ergänzen oder für die vegetarische Variante gänzlich durch Pflanzenöl ersetzen.

ZUTATEN

4 Eier
250 ml Vollmilch
½ TL Salz
155 g Mehl
60 ml Bratenfond vom Roastbeef (oder hocherhitzbares Öl wie Traubenkern- oder Avocadoöl, siehe Tipp)

1. Eier in einer großen Schüssel gut verquirlen. Milch und Salz zugeben und nochmals verquirlen. Das Mehl zugeben und 3 Minuten kräftig einarbeiten, bis keine Klumpen mehr vorhanden sind und die Masse glatt ist. 30 Minuten ruhen lassen.
2. Backofen auf 230 °C vorheizen.
3. 1 TL Bratenfond vom Roastbeef (oder Pflanzenöl) in jede Mulde einer Muffinform oder Pop-over-Pfanne geben. Form mit dem Öl im Backofen 10 Minuten erwärmen, währenddessen die Masse in einen Behälter mit Ausguss geben.
4. Die Form aus dem Ofen nehmen. Um Spritzer zu vermeiden, Masse über einen Löffel gießen und jedes Förmchen zu ⅔ füllen. 20 bis 25 Minuten goldbraun und knusprig backen. Während des Backens den Ofen mindesten 20 Minuten lang nicht öffnen – das könnte das Aufgehen verhindern. Wenn möglich, keine Umluft verwenden, denn auch das kann das Aufgehen verhindern.

HAUPTGERICHTE

Ergibt: 6 Portionen
Ernährungsinfo: GF, V, V+*

Vegetarisch

Gewächshaus-
SALAT

In *Harry Potter und die Kammer des Schreckens* versammeln sich die Zweitklässler zu ihrer ersten Kräuterkunde-Stunde in Gewächshaus drei. Dort zeigt ihnen Professor Pomona Sprout, wie man die empfindlichen, kreischenden Baby-Alraunen umtopft. Für die Szene wurden mehr als fünfzig animatronische Alraunen gefertigt, die sich dank des Fernsteuerungssystems unter dem riesigen, langen Tisch in ihren Töpfen winden und herumzappeln. Weitaus weniger kompliziert ist es, diesen köstlichen Salat für ein herzhaftes Abendessen zuzubereiten. Er kombiniert winterliche Gemüsesorten wie Kürbis und bunte Karotten mit fruchtigen Granatäpfeln und sorgt so für ein farbenfrohes Geschmackserlebnis.

> **„Professor Sprout sagte mir, du hättest wohl eine besondere Begabung für Kräuterkunde."**
>
> Alastor Moody zu Neville Longbottom,
> *Harry Potter und der Feuerkelch*

Tipp | Dieses Rezept kann vegan zubereitet werden, indem man Ahorn- oder Agavensirup statt des Honigs verwendet.

ZUTATEN

Für den Salat

1 kleiner Delicatakürbis

2 TL Olivenöl

2 bunte Karotten, geschält

1 Gurke, geschält

4 Radieschen, gesäubert und in dünne Scheiben geschnitten

40 g Granatapfelkerne

185 g Kirschtomaten

60 g Walnüsse

250 g Quinoa, nach Packungsanweisung gekocht

150 g gemischter Blattsalat

Für das Dressing

125 ml Olivenöl

60 ml Balsamicoessig

½ TL grobes Salz

½ EL Dijon-Senf

1 EL Honig

40 g Schalotten, fein gehackt

1. Backofen auf 200 °C vorheizen.
2. Kürbis der Länge nach halbieren und Samen und Fruchtfleisch herauskratzen. Jede Hälfte in 1,25 cm dicke Spalten schneiden, sodass Halbmonde entstehen.
3. Scheiben auf ein Backblech mit höherem Rand legen und mit Olivenöl beträufeln. 10 bis 15 Minuten rösten, bis der Kürbis leicht braun und weich ist. Auf dem Blech abkühlen lassen, während man den restlichen Salat zubereitet.
4. Während der Kürbis röstet, das Dressing vorbereiten: Olivenöl, Essig, Salz, Senf, Honig und Schalotten in einer mittelgroßen Schüssel oder einem Messbecher zu einer Emulsion verrühren. Bis zum Anrichten beiseitestellen.
5. Eine große Salatschüssel bereitstellen. Mit einem Gemüseschälmesser breite Bänder von der Karotte in die Schüssel schneiden, dabei vor dem Endstück aufhören und dieses für eine Suppe verwenden oder entsorgen.
6. Gurke der Länge nach halbieren und Kerne mit einem Löffel herauskratzen. In 1,25 cm dicke Scheiben schneiden und ebenfalls in die Schüssel geben.
7. Radieschen, Granatapfelkerne, Tomaten, Walnüsse, abgekühlten Kürbis und Quinoa in die Schüssel geben. Dressing, falls nötig, nochmals aufschlagen und über den Zutaten in der Schüssel verteilen. Frühlingssalat zugeben und vermengen. Innerhalb 1 Stunde servieren.

Ergibt: 6 Portionen
Ernährungsinfo: GF, V

Vegetarisch

Madam Pomfreys Seelentröster-
SHEPHERD'S PIE

Madam Poppy Pomfrey ist die Schulkrankenschwester von Hogwarts, die sich um verletzte oder verwunschene Schüler kümmert, egal ob bei ihnen Knochen nachwachsen müssen, sie von einem Basilisken versteinert oder von einem vermeintlichen Grimm gebissen wurden. Madam Pomfrey ist zwar unnachgiebig, hat aber auch etwas Sanftmütiges und Beruhigendes an sich – so wie dieser Seelentröster. Shepherd's Pie ist ein traditionelles irisches Gericht, das auf das 18. Jahrhundert zurückgeht. Üblicherweise wird es mit Fleisch zubereitet, doch in dieser Variante sind es der gedünstete Lauch, die Zwiebeln, die Pilze und die gerösteten Cashews, die dem Gericht zusammen mit dem fluffigen Kartoffelpüree ein wohltuendes Aroma verleihen.

ZUTATEN

Für den Kartoffelstampf

1,25 kg mehlige Kartoffeln

125 g Frischkäse

4 EL gesalzene Butter

1 TL Salz

frisch gemahlener Pfeffer nach Geschmack

Für die Füllung

500 ml Gemüsebrühe

2 EL Pflanzenöl

165 g geröstete, ungesalzene Cashewkerne

4 EL gesalzene Butter

1 kleine Lauchstange, in dünne Scheiben geschnitten

1 kleine gelbe Zwiebel, in Würfel geschnitten

250 g Champignons, in dünne Scheiben geschnitten

2 EL Tapiokastärke

> **„Sie hätten sofort zu mir kommen sollen. Ich kann Knochen im Handumdrehen heilen. Knochen neu wachsen lassen ist kein Vergnügen."**
>
> Poppy Pomfrey,
> *Harry Potter und die Kammer des Schreckens*

1. **Für den Kartoffelstampf:** Gesalzenes Wasser in einem großen Topf bei mittlerer Hitze zum Kochen bringen. Unterdessen die Kartoffeln schälen, in Stücke schneiden und ins kochende Wasser geben. Hitze reduzieren und 10 bis 15 Minuten köcheln lassen, bis die Kartoffeln sehr weich sind.
2. Kartoffeln abgießen und wieder zurück in den Topf geben. Topf auf die heiße Herdplatte stellen, ohne den Herd einzuschalten, und die Kartoffeln mit einem Kartoffelstampfer zerdrücken. Frischkäse und Butter zugeben und weiter stampfen, bis alles gut eingearbeitet ist. Salz und frisch gemahlenen Pfeffer nach Geschmack zugeben. Beiseitestellen und währenddessen die Füllung vorbereiten.
3. **Für die Füllung:** Backofen auf 190 °C vorheizen.
4. Gemüsebrühe in einem kleinen Topf oder einem für die Mikrowelle geeigneten Messbehälter 1 Minute stark erhitzen. Aus der Mikrowelle nehmen und die Cashewkerne zugeben. Beiseitestellen.
5. Pflanzenöl und Butter in einer großen Bratpfanne bei mittlerer Hitze aufschäumen lassen, dann Lauch und Zwiebel zugeben. 3 bis 4 Minuten braten, bis das Gemüse weich ist, dann die Champignons zugeben. 5 bis 7 Minuten weiterbraten, bis die Mischung zu bräunen beginnt. Mischung mit Tapiokastärke bestreuen, umrühren und 2 weitere Minuten kochen, dabei langsam umrühren. Brühe und Cashewkerne zugeben und mit der Flüssigkeit den Pfannenboden ablöschen. 2 bis 3 Minuten köcheln lassen, bis die Mischung leicht eindickt.
6. Füllung in eine tiefe Auflaufschüssel oder Kasserolle geben und den Kartoffelstampf darüber verteilen. 25 bis 30 Minuten backen, bis die Kartoffelkruste Blasen wirft und leicht gebräunt ist.

Ergibt: 4 Portionen als Hauptgericht oder 8 als Vorspeise
Ernährungsinfo: GF

Fleisch

Pikante „Flüche und Gegenflüche“-
SPIESSE

In *Harry Potter und der Stein der Weisen* schleicht sich Harry in den Weihnachtsferien in die Verbotene Abteilung der Bibliothek von Hogwarts, um mehr über Nicolas Flamel, den Schöpfer des Steins der Weisen, herauszufinden. Harry liest laut einige Titel im Bereich „F“ vor, beginnend mit „Flüche und Gegenflüche“, bevor er ein Buch aufschlägt, aus dem ein schreiendes Gesicht hervorschnellt. Die Szenen in der Verbotenen Abteilung wurden im ältesten Lesesaal von Oxford gedreht, der Bodleian Library. Unsere feurigen Rindfleischspieße mit Jalapeños, Knoblauch und Ingwer eignen sich zwar bestens zum Grillen, ein Backofen tut's aber auch.

> **„Flüche und Gegenflüche. Magier des 15. Jahrhunderts. Wo bist du? Flamel, Nicolas Flamel.“**
>
> Harry Potter,
> *Harry Potter und der Stein der Weisen*

Tipp | Als Hauptgericht kann man die Spieße auf Reis oder Pasta mit Jalapeño-Sauce servieren.

ZUTATEN

2 rote Paprikaschoten

1 EL Traubenkern- oder Avocadoöl

1 Bund Korianderblätter

500 g Flanksteak, in 2,5 cm dicke Streifen geschnitten

1½ TL Salz

Saft von 2 Limetten

4 EL Jalapeños (aus der Dose)

3 Zehen schwarzer Knoblauch, geschält

ein 10 cm großes Stück Ingwer, geschält und in grobe Stücke geschnitten

1 EL Olivenöl

1 EL Reisessig

Spezialausstattung
Holzspieße

1. Backofen auf 230 °C vorheizen.
2. Paprikaschoten halbieren, Trennwände sowie Kerne entfernen und die Schoten mit der Schnittfläche nach unten auf ein Backblech mit höherem Rand legen, mit Traubenkernöl einreiben und 20 Minuten rösten, bis sie weich sind und die Haut Blasen wirft. Aus dem Ofen nehmen und beiseitestellen, bis die Schoten so weit abgekühlt sind, dass man sie weiterverarbeiten kann. Dann die Haut abziehen und entfernen und die geschälten Paprikaschoten beiseitestellen.
3. Verwelkte oder beschädigte Korianderblätter entfernen, den Rest gut abspülen. Stiele so nah wie möglich an den Blättern abschneiden. Blätter beiseitestellen.
4. In einem mittelgroßen, gut verschließbaren Behälter die Fleischstreifen, 1 TL Salz, Limettensaft, 2 EL Jalapeños mit Saft, Korianderstielen, schwarzem Knoblauch und Ingwerstücken mischen. Behälter verschließen und gründlich schütteln, um alles gut zu vermengen. Kalt stellen und mindestens 1 oder bis zu 4 Stunden marinieren lassen.
5. Während das Fleisch mariniert, die Sauce zubereiten. Die gerösteten Paprikaschoten, Korianderblätter (man muss sie nicht von den restlichen Stielen trennen), ½ TL Salz, Olivenöl und Reisessig in der Schüssel einer Küchenmaschine 1 bis 2 Minuten glatt pürieren. Bis zum Servieren kalt stellen.
6. Wenn das Fleisch zubereitet werden soll, den Grill oder Backofen mit einem Blech mit höherem Rand auf 190 °C vorheizen. In der Zwischenzeit 12 hölzerne Spieße 5 Minuten in Wasser einweichen, danach aus dem Wasser nehmen und jeweils 1 bis 2 Fleischstreifen in Wellen aufstecken. Auf jeder Seite 1 Minute anbraten und weitere 3 bis 4 Minuten ziehen lassen, dabei nach der Hälfte der Garzeit umdrehen. Mit der Sauce zum Dippen servieren.

TARTE
à la Karte

Damit Harry Potter seinen Mitschülern unauffällig nach Hogsmeade folgen kann, schenken ihm die Zwillinge Fred und George Weasley die Karte des Rumtreibers, die ursprünglich von vier Hogwarts-Schülern erstellt wurde. Das gute Stück zeigt an, wo sich jeder im Schloss gerade befindet und welche geheimen Gänge aus dem Schloss hinaus zu anderen Orten führen, etwa nach Hogsmeade zum *Honigtopf* (der Gang beginnt bei der Statue der buckeligen Hexe) oder zur Heulenden Hütte. Die Zutaten für dieses schmackhafte Gericht erinnern an die Rumtreiber – die Animagi Tatze (Sirius Black), Krone (James Potter) und Wurmschwanz (Peter Pettigrew) –, die das vierte Mitglied, den Werwolf Remus Lupin, bei Vollmond beschützten. Die Tarte zur Karte ist mit einer Peitschenden Weide dekoriert, die aus demselben Teig wie der Boden besteht und die herzhafte Füllung aus Fleisch, Käse und Gemüse verbirgt – so wie der Baum auch den Eingang zur Heulenden Hütte verbarg, wo sich die Rumtreiber trafen.

> **„Die hochwohlgeborenen Herren Moony, Wurmschwanz, Tatze und Krone präsentieren stolz die Karte des Rumtreibers.“**
>
> James Potter, Sirius Black, Remus Lupin, Peter Pettigrew,
> *Harry Potter und der Gefangene von Askaban*

Fortsetzung auf Seite 66

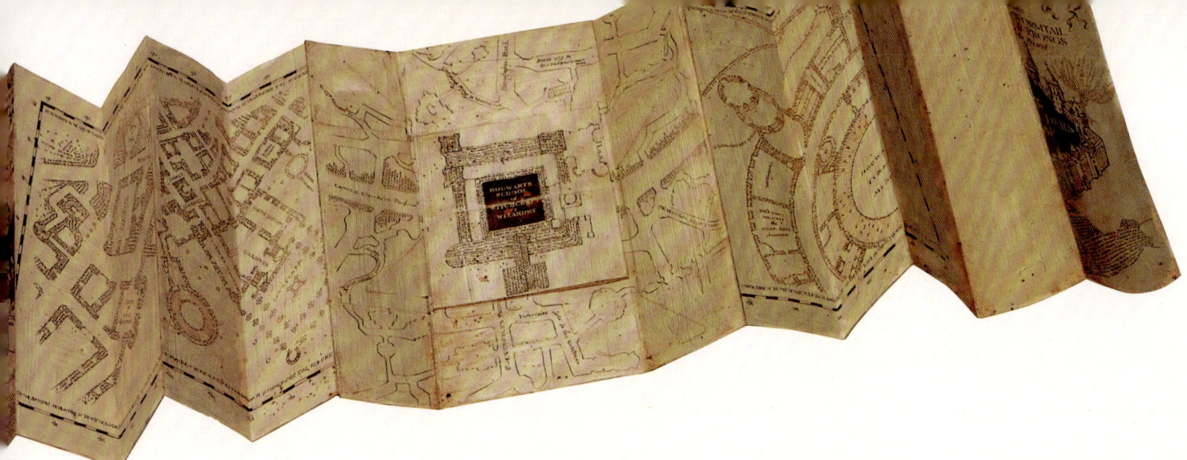

Fortsetzung von Seite 65

ZUTATEN

Für den Teig

390 g Mehl

1 TL Salz

125 g Butter, sehr kalt

125 g pflanzliches Backfett, sehr kalt

etwa 80 ml Eiswasser

1 Ei

1 Prise Muskatnuss, gemahlen

frisch gemahlener Pfeffer

Für die Füllung

125 g Pancetta, in Würfel geschnitten

90 g Champignons, in Scheiben geschnitten

60 g Babyspinat

125 g Gruyère

30 g Prosciutto, dünne Scheiben, in Streifen geschnitten

500 g Sahne

3 Eier

½ TL Sumach

schwarzer Pfeffer nach Geschmack

1. **Zubereitung des Teigs:** Mehl und Salz in einer großen Schüssel vermengen. Butter und pflanzliches Backfett in etwa esslöffelgroße Stücke schneiden, zur Mehlmischung geben und mit einem Teigmischer oder zwei Gabeln einarbeiten. Wasser nach und nach zugießen und vorsichtig untermengen, bis sich der Teig verbindet.
2. Für den Boden den Teig halbieren und eine Hälfte so ausrollen, dass sie mit Überhang in eine etwa 23 cm große Tarteform passt. Etwa 1,25 cm Überhang belassen, den Rest abschneiden. Den Rand nach unten falten und nach Belieben mit den Fingern zu Wellen formen. 30 Minuten kalt stellen. Backofen auf 200 °C vorheizen.
3. Die zweite Hälfte des Teigs ausrollen und mit einem scharfen Messer die groben Umrisse eines Baumes ausschneiden – eine gerundete Krone über einem dicken Stamm. Teig auf ein mit Backpapier oder einer Silikonbackmatte ausgelegtes Backblech legen. In die Krone 3 dicke Äste schneiden und diese einmal wie beim Flechten übereinanderlegen. Mit dem Messer in die Spitzen jedes dicken Astes kleinere Zweige einschneiden. Die Zweige drehen und biegen, damit sie der blattlosen Peitschenden Weide im Winter ähneln. Auf dem Backblech mindestens 30 Minuten kalt stellen.
4. Den kalten Teigboden mit Aluminiumfolie so zudecken, dass der Boden und die Ränder bedeckt sind. Mit Backgewichten oder getrockneten Bohnen beschweren und 10 Minuten backen.

5. Während der Teig im Ofen ist, das Ei mit 1 EL Wasser in einer kleinen Schüssel verquirlen. Teigboden aus dem Ofen nehmen, Aluminiumfolie und Gewichte entfernen und mit einer Gabel den Boden und die Seiten anstechen. Mit einem Backpinsel den Boden und die Seiten mit dem verquirlten Ei bestreichen, wieder in den Ofen schieben und weitere 7 bis 10 Minuten goldbraun backen. Aus dem Ofen nehmen und beiseitestellen.
6. Die Weide mit verquirltem Ei bestreichen, mit Muskatnuss und frisch gemahlenem Pfeffer bestreuen. 10 bis 15 Minuten goldbraun und knusprig backen. Aus dem Ofen nehmen und beiseitestellen.
7. **Zubereitung der Füllung:** Ofentemperatur auf 190 °C reduzieren.
8. Pancetta in einer mittelgroßen Pfanne bei mittlerer bis hoher Hitze 2 bis 3 Minuten braten, bis der Großteil des Fettes geschmolzen ist. Champignons zugeben, rühren, bis sie mit Fett überzogen sind, und weitere 3 Minuten sautieren, bis die Champignons weich und leicht gebräunt sind. Spinatblätter zugeben, umrühren und 1 Minute dünsten, bis sie zusammenfallen.
9. Mischung auf dem Tarteboden verteilen. Mit Gruyère und danach mit den Prosciutto-Streifen belegen.
10. Sahne, Eier, Sumach und Pfeffer in einer großen Schüssel gut verrühren und über die Füllung gießen. 30 bis 35 Minuten backen, bis die Mischung an den Rändern fest ist, aber in der Mitte noch leicht nachgibt. Die Peitschende Weide darauflegen und vor dem Servieren mindesten 10 Minuten abkühlen lassen.

Tipp | Die Tarte kann warm, bei Raumtemperatur oder kalt serviert werden und in einem luftdicht verschlossenen Behälter bis zu 3 Tage aufbewahrt werden.

Harry, Ron und Hermine besuchen in *Harry Potter und der Gefangene von Askaban* Hogsmeade, das permanent oberhalb der Schneegrenze liegt.
Konzeptkunst von Andrew Williamson

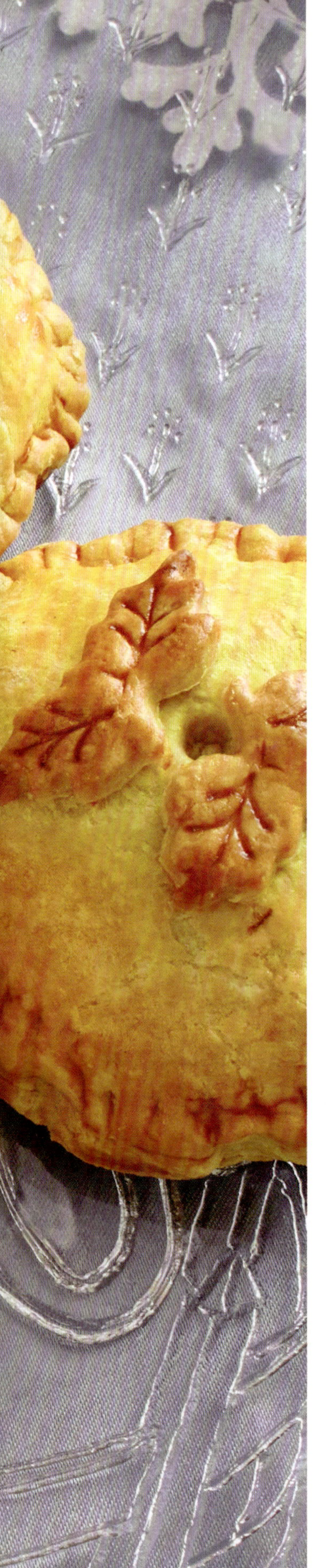

Ergibt: 12 Pastetchen oder 6 Portionen

Fleisch

Goldenes-Ei-
FLEISCHPASTETCHEN

Bei der ersten Aufgabe des Trimagischen Turniers muss Harry an ein goldenes Ei gelangen, das einen Hinweis für die Lösung der zweiten Aufgabe enthält. Die Grafikdesignerin Miraphora Mina, die das goldene Ei entwarf, legte bei der Gestaltung großes Augenmerk auf den Moment der Offenbarung. Nach ihren Vorstellungen sollte Harry das Ei aufbrechen, um zu erfahren, was sich darin befindet. Eine nicht weniger eindrucksvolle Offenbarung erlebt, wer diese goldenen „Eier" mit der Gabel oder den Fingern öffnet und die Salsiccia mit aromatischen Winteräpfeln und Fenchel entdeckt.

„Komm, suche, wo unsere Stimmen sind,
zum Grund des Sees hinab geschwind.
In einer Stunde musst du's finden
und gleich damit entschwinden."

Hinweis der Wassermenschen für die zweite Aufgabe,
Harry Potter und der Feuerkelch

Fortsetzung auf Seite 72

Fortsetzung von Seite 71

ZUTATEN

Für die Füllung
500 g milde Salsiccia

100 g Fenchelknolle, gehackt

1 mittlere Zwiebel, in Würfel geschnitten

1 knackiger Apfel, ohne Gehäuse und in Würfel geschnitten

½ TL Salz

Für den Teig
785 g Mehl

1 TL grobes Salz

2 TL Gelbwurz

250 g pflanzliches Backfett, kalt

250 g Butter, kalt

80 ml Eiswasser

1 Ei

Spezialausstattung
ovaler Keksausstecher

andere kleine Keksausstecher, etwa in Blattform

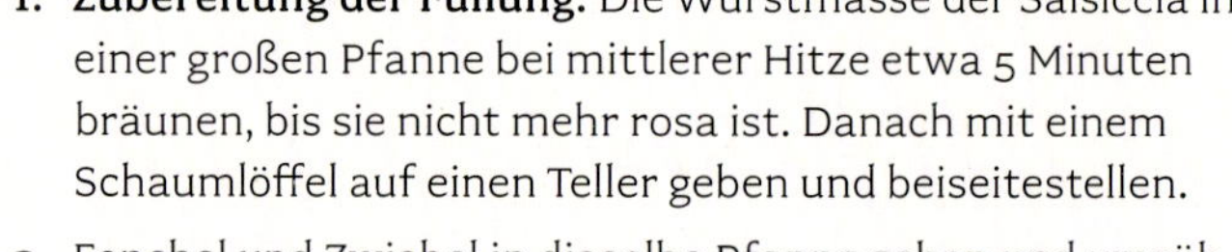

1. **Zubereitung der Füllung:** Die Wurstmasse der Salsiccia in einer großen Pfanne bei mittlerer Hitze etwa 5 Minuten bräunen, bis sie nicht mehr rosa ist. Danach mit einem Schaumlöffel auf einen Teller geben und beiseitestellen.
2. Fenchel und Zwiebel in dieselbe Pfanne geben und umrühren, sodass alles mit Fett überzogen ist. 2 bis 3 Minuten braten, dabei gelegentlich umrühren. Apfel und Salz zugeben, umrühren und weitere 3 bis 5 Minuten braten, bis alles weich und leicht gebräunt ist. Vom Herd nehmen und mit der Wurstmasse vermengen. Zum Abkühlen beiseitestellen, während man den Teig zubereitet.
3. **Zubereitung des Teigs:** Mehl, Salz und Gelbwurz in einer großen Schüssel vermengen. Butter und pflanzliches Backfett in esslöffelgroße Stücke schneiden, zur Mehlmischung geben und mit einem Teigmischer oder zwei Gabeln ins Mehl einarbeiten. Wasser nach und nach zugeben und vorsichtig untermengen, bis sich der Teig verbindet.
4. **Fertigstellung**: 2 Backbleche mit Silikonbackmatten oder Backpapier auslegen.
5. Auf einer leicht bemehlten Arbeitsfläche nacheinander jeweils ¼ des Teigs etwa 0,5 cm dick ausrollen. Mit dem Keksausstecher 24 ovale Formen ausstechen. Die Reste zum Dekorieren aufheben.
6. Je 6 Teigovale auf ein Backblech legen. Auf jedes Oval mittig einen Löffel Füllung setzen und mit einem zweiten Teigoval zudecken. Mit einer Gabel die Ränder zusammendrücken. Mit den Fingern die Kanten leicht wellen, sodass ein schöner Rand entsteht. Wenn alle Ovale zusammengesetzt sind, die Teigreste ausrollen und mit den kleinen Keksausstechern dekorative Formen wie Blätter ausstechen.
7. Ei mit 1 EL Wasser verquirlen und jedes Teigoval damit bestreichen. Mit einem Metallröhrchen oder einem scharfen Messer eine Öffnung schneiden, damit der Dampf entweichen kann, und die Verzierungen anbringen. Kalt stellen, während man den Backofen auf 200 °C vorheizt. Die Teigovale 25 bis 30 Minuten knusprig goldbraun backen. Vor dem Servieren 10 Minuten abkühlen lassen.
8. Reste können im Kühlschrank bis zu 4 Tage aufbewahrt werden. Vor dem Servieren 10 Minuten bei 180 °C im Backofen aufwärmen.

Ergibt: 4 Portionen
Ernährungsinfo: GF

Fleisch

Weihnachts-
LAMMKRONE

Zu den unvergesslichen Szenen der Harry-Potter-Filme gehören wohl die Festmahle in Hogwarts mit feinen Gemüsegerichten wie Maiskolben und Kartoffelpüree, buntem Obst und köstlichen Hauptgerichten wie saftigem Lammkarree. Eine weitere Variante ist das Kronen-Lammkarree, das auf dem Willkommensfest von Hogwarts zu sehen ist. Seinen Namen verdankt es seiner runden, mit Papiermanschetten besetzten Form, die an eine Krone erinnert. Doch damit nicht genug der Kronen auf dem Tisch. Die Ausstatterin Stephenie McMillan versah den Tisch für die Weihnachtsszenen immer mit Knallbonbons. Diese enthalten traditionell eine Papierkrone, die die Partygäste aufsetzen können.

„Find a broomstick in your stocking,
See the magic on display,
Join the owls' joyous flocking,
On this merry Christmas Day."

Geisterchor in Hogwarts,
Harry Potter und der Stein der Weisen

ZUTATEN

8 Lammkoteletts oder 1,25 kg Lammkrone

1 TL Salz

frisch gemahlener Pfeffer nach Geschmack

2 EL Dijon-Senf

2 EL Olivenöl

2 TL Balsamicoessig

1 TL getrocknete Minze

¼ TL rote Paprikaflocken

60 ml Kochsherry

60 ml Gemüsebrühe, optional

1. Mit einem in der Mitte eingeschobenen Backblech den Backofen auf 220 °C vorheizen. Lammfleisch 30 Minuten vor der Zubereitung aus dem Kühlschrank nehmen. Von der dickeren Seite beginnend überschüssiges Fett abschneiden und mit einem scharfen Messer den verbleibenden Fettrand ausgehend vom Fleisch nach außen hin einschneiden. Sobald ein Abschnitt vom Fett befreit ist, sollte man den Rest in einem Stück abziehen können (ein dünner verbleibender Rand ist in Ordnung). Lammfleisch mit Salz und Pfeffer nach Geschmack einreiben und beiseitestellen. Senf, Olivenöl, Essig, Minze und rote Paprikaflocken in einer kleinen Schüssel verrühren und zu einer Creme aufschlagen. Beiseitestellen.
2. Einen großen ofenfesten Bräter bei mittlerer Hitze 1 bis 2 Minuten erwärmen. Lamm mit der Fleischseite nach unten einlegen und etwa 2 Minuten scharf anbraten. Mit einer Küchenzange das Fleisch umdrehen und ebenfalls 2 Minuten anbraten. Abtropfendes Bratenfett aus dem Bräter gießen und entfernen. Mit einem Backpinsel das gesamte Lamm gleichmäßig mit der Senfmischung bestreichen, auch die Knochen.
3. Lamm mit der Knochenseite nach unten in den Bräter legen, Sherry angießen und im Ofen rösten, bis das Fleisch eine Innentemperatur von 52 °C für rare oder 54 °C für medium-rare erreicht hat. Aus dem Ofen nehmen, mit Aluminiumfolie zudecken und vor dem Servieren 5 bis 10 Minuten ruhen lassen.
4. Lammkrone kurz vor dem Servieren mit einem Tranchiermesser zwischen den Knochen durchschneiden. Je 2 Koteletts pro Person mit schnellem Röstgemüse (Seite 74), Sprouts Kohlsprossen (Seite 45) und/oder Sirius Blacks Ofenkartoffeln (Seite 51) servieren.
5. Möchte man eine Bratensauce, das Lamm mit Aluminiumfolie abgedeckt auf ein Schneidebrett legen. Den Großteil des Fetts aus dem Bräter abschöpfen. Gemüsebrühe zugeben und zum Köcheln bringen, um die Bratenrückstände zu lösen.

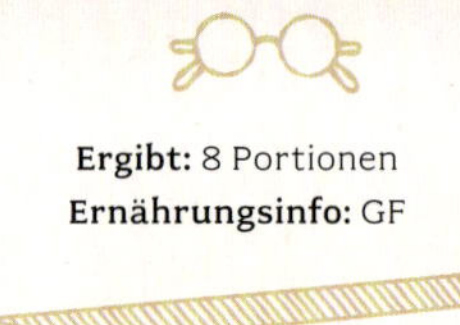

Ergibt: 8 Portionen
Ernährungsinfo: GF

Fleisch

WEIHNACHTSBRATEN

Seit Mitte des 18. Jahrhunderts ist Rinderbraten das beliebteste britische Festmahl. Als Beilage dienen meist Kartoffeln und Gemüse (zum Beispiel Sprouts Kohlsprossen auf Seite 45) und Pflaumenpudding. Roastbeef ist das gängige Stück für diesen Braten, Rinderfilet, Hochrippe und Oberschale sind ebenfalls geeignet. Gut möglich, dass dieser saftige Braten beim Weihnachtsessen für die Schüler serviert wurde, die in *Harry Potter und der Stein der Weisen* über die Feiertage in Hogwarts geblieben sind, darunter die Weasley-Geschwister und Harry Potter. In ihren selbst gestrickten Pullovern mit Initialen genossen sie den Weihnachtsabend in der Großen Halle. Dort standen mehrere Tannenbäume, die mit Halbmonden, Sternen und Kugeln geschmückt und mit einem großen Goldstern bekrönt waren.

ZUTATEN

Für das Fleisch

1,75 bis 2,25 kg Roastbeef ohne Knochen

1 EL grobes Salz

1 TL schwarzer gemahlener Pfeffer

1 TL getrockneter Thymian

1 EL Pflanzenöl

Für die Bratensauce

125 ml Rotwein

1 EL gesalzene Butter

1 EL Tapiokastärke

250 ml Gemüsebrühe

Für das schnelle Röstgemüse

600 g gemischtes Wurzelgemüse wie Karotten, Pastinaken und Rüben oder kleine Kartoffeln

2 EL Olivenöl

½ TL grobes Salz

„Lasst das Fest beginnen!“

Albus Dumbledore,
Harry Potter und der Stein der Weisen

1. **Zubereitung des Bratens:** Fleisch in eine flache Schüssel oder einen verschließbaren Behälter legen und mit Salz, schwarzem Pfeffer und Thymian einreiben. Luftdicht mit einem Deckel oder Frischhaltefolie zudecken und mindestens 4 Stunden oder über Nacht kalt stellen.
2. Backofen auf 110 °C vorheizen.
3. Pflanzenöl in einem großen ofenfesten Bräter bei mittlerer Hitze erwärmen und, sobald es schimmert, den Braten einlegen. Je 4 bis 5 Minuten auf jeder Seite anbraten. Beim Anbraten der Enden und der Schmalseiten eine Küchenzange verwenden.
4. Im Ofen 1 bis 1½ Stunden braten, bis das Fleisch eine Innentemperatur von 46 °C erreicht hat.
5. Ofen abschalten, Braten bei geschlossener Tür weitere 30 bis 40 Minuten im Ofen lassen. Sobald das Fleisch eine Innentemperatur von 52 °C erreicht hat, den Braten aus dem Ofen nehmen. Auf ein Schneidebrett oder einen Servierteller geben, mit Aluminiumfolie zudecken und 20 Minuten ruhen lassen. In der Zwischenzeit die Bratensauce zubereiten.
6. **Zubereitung der Bratensauce:** Für einen Yorkshirepudding wie in Hogwarts (Seite 55) 60 ml vom Bratenfond beiseitestellen.
7. Mit Rotwein und Bratenfond bei mittlerer Hitze die Pfanne ablöschen, umrühren und 2 bis 3 Minuten einkochen lassen.
8. Butter zugeben und umrühren, bis sie geschmolzen ist, dann Tapiokastärke einstreuen und zu einer dicken Paste vermengen. Gemüsebrühe unterrühren, 3 bis 5 Minuten köcheln und eindicken lassen.
9. **Zubereitung des schnellen Röstgemüses:** Während der Braten ruht, Backofen auf 190 °C vorheizen.
10. Gemüse sauber schrubben und in gleichmäßige, etwa 5 cm große Stücke schneiden.
11. Gemüse auf einem großen Backblech mit Olivenöl und Salz vermischen und in einer Schicht verteilen. 20 bis 25 Minuten leicht braun rösten, bis man es mit einer Gabel einstechen kann.

Ergibt: 12 bis 15 Portionen
Ernährungsinfo: GF*

Fisch & Geflügel

Grimmauldplatz-

TRUTHAHNBRATEN

In *Harry Potter und der Orden des Phönix* verbringen die Weasleys, Harry Potter und Hermine Granger die Weihnachtsfeiertage mit Sirius Black in seinem Haus Grimmauldplatz Nr. 12. Molly Weasley hat ein vorzügliches Festmahl zubereitet: Auf dem von den Requisitenbauern maßgefertigten, sechs Meter langen Tisch finden sich Brötchen, silberne Terrinen, die wahrscheinlich schmackhaftes Gemüse enthalten, und ein großer Truthahnbraten mit knusprig gebräunter Haut und einer Portion Bratensoße. Der Truthahn gelangte im 16. Jahrhundert nach Großbritannien und wurde Teil des Weihnachtsmahls – man nimmt an, dass König Heinrich VIII. die Tradition dieses beliebten Festtagsessens einführte.

> **„Have a wondrous wizard Christmas,**
> **Have a merry Christmas Day.**
> **Move around the sparkling fire,**
> **Have a merry Christmas Day."**
>
> Geisterchor in Hogwarts,
> *Harry Potter und der Stein der Weisen*

Fortsetzung auf Seite 78

Fortsetzung von Seite 77

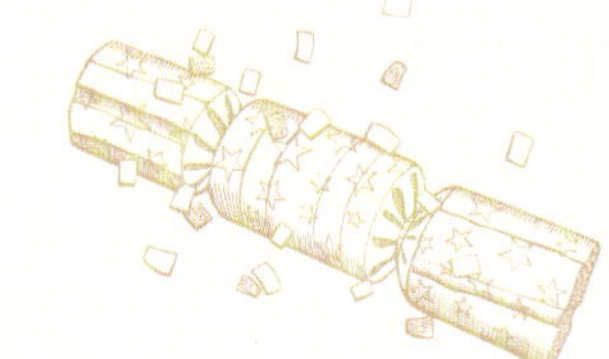

ZUTATEN

Für die Salzlake
1 kg grobes Salz

2 EL Pfefferkörner

1 EL getrocknete Kräuter nach Wahl wie Salbei, Thymian, Oregano und/ oder Rosmarin

1 Truthahn (6–7,5 kg), ohne Hals und Innereien

Für die Füllung
750 g Brotwürfel (siehe Tipp)

360 g Pilze nach Wahl

1 gelbe Zwiebel

1 Bund Selleriestangen

500 g Wurstbrät oder Hackfleisch

2 EL ungesalzene Butter, plus mehr zum Befetten

1–1,5 l gesalzene Gemüsebrühe

2 EL gesalzene Butter, optional

Zum Braten
6 EL Butter

1 Geflügelschnürset

Spezialausstattung
Lakebeutel oder Topf in der Größe des Truthahns und Platz im Kühlschrank oder einen großen Kühler voller Eiswürfel

großer Bräter mit passendem Rost in V-Form

1. **Zubereitung der Salzlake:** Einen großen Topf mit etwa 4 l Wasser füllen und Salz, Pfefferkörner und die gewünschte Kräutermischung zugeben.
2. Bei mittlerer Hitze erwärmen und umrühren, bis sich das Salz aufgelöst hat. Vom Herd nehmen und 4 l Eiswasser zugießen. Rühren, bis das Eis geschmolzen ist, die Mischung kalt stellen und ganz abkühlen lassen.
3. Bei Verwendung eines Lakebeutels den Truthahn mit der Brustseite nach unten einlegen und den Beutel in einen Bräter stellen, damit er aufrecht steht. Mit der kalten Salzlake befüllen und gut verschließen. In den Kühlschrank oder den Kühler geben und mindestens 30 Minuten bis zu 1 Stunde pro Kilo ziehen lassen. Bei Verwendung eines Topfes den Truthahn mit der Halsseite nach unten einlegen, Salzlake darübergießen, zudecken und kühlen, wie oben beschrieben.
4. **Zubereitung der Füllung:** Backofen auf 120 °C vorheizen und die Brotwürfel in einer Schicht auf 2 Backbleche mit höherem Rand verteilen (eventuell portionsweise arbeiten). Brot im Ofen 20 Minuten rösten, dann Ofen ausschalten und abkühlen lassen. Dies kann man bis zu 3 Tage im Voraus erledigen und das Brot in einem luftdicht verschließbaren Behälter oder Plastikbeutel aufbewahren.
5. Pilze in dünne Scheiben schneiden und beiseitestellen. Zwiebel und Selleriestangen mit Blättern würfeln und getrennt von den Pilzen beiseitestellen.
6. Wurstbrät oder Hackfleisch in einer großen Pfanne bei mittlerer Hitze 5 bis 7 Minuten bräunen, dabei mit einem Holzlöffel die Klumpen aufbrechen, danach das gebräunte Fleisch mit einem Schaumlöffel auf einen Teller geben und beiseitestellen.
7. In derselben Pfanne die Butter aufschäumen, danach die Pilze zugeben und unter gelegentlichem Rühren 2 bis 3 Minuten braten, bis sie zu bräunen beginnen. Zwiebel und Sellerie zugeben und unter Rühren 3 bis 5 Minuten weitergaren, bis Zwiebel und Sellerie weich sind. Vom Herd nehmen und in eine große Schüssel geben, Fleisch mit Gemüsemischung vermengen.

8. Brotwürfel ebenfalls unterrühren. 250 ml Gemüsebrühe nach und nach zugießen, bis die Mischung gut feucht ist und zusammenhält. Etwa ein Drittel der Füllung in eine befettete Kasserolle geben.
9. Zur restlichen Füllung weiter Brühe zugießen, bis sie ziemlich nass ist und gut zusammenklebt. Mit dieser feuchteren Füllung wird später der Truthahn gefüllt.
10. Die Füllung in der Kasserolle zu einem glatten Fladen drücken, mit Aluminiumfolie zudecken und bis zur Verwendung kalt stellen. Zum Erwärmen und Servieren Backofen auf 180 °C vorheizen und den Fladen zugedeckt 30 Minuten backen. Die Folie entfernen, wenn gewünscht mit einem Klecks gesalzener Butter versehen und weiterbacken, bis der Fladen eine Innentemperatur von 74 °C erreicht hat.
11. **Braten des Truthahns:** Ofengitter auf der untersten Stufe einschieben und Backofen auf 165 °C vorheizen.
12. Truthahn aus der Lake nehmen, abspülen und mit Küchenpapier trocken tupfen. Beim Füllen Aushöhlungen locker mit der Masse stopfen und Truthahn mit Küchengarn verschließen. Mit einem Backpinsel die gesamte Haut des Truthahns mit geschmolzener Butter bestreichen. 250 ml Wasser auf den Boden des Bräters gießen.
13. Truthahn mit der Brustseite nach unten auf den V-förmigen Rost legen und 2 Stunden braten, dabei einmal mit Bratensaft übergießen.
14. Nach 2 Stunden den Truthahn aus dem Ofen nehmen und mit Ofenhandschuhen aus Silikon oder dicken Schichten Küchenpapier den Truthahn an beiden Enden fassen und mit der Brustseite nach oben drehen. Wieder mit Bratensaft übergießen und zurück in den Ofen schieben. Weitere 1 bis 1½ Stunden braten, bis die Schenkel eine Innentemperatur von 80 °C und die Mitte der Füllung 74 °C erreicht haben.
15. Truthahn aus dem Ofen nehmen, mit Aluminiumfolie zudecken und 20 Minuten vor dem Tranchieren ruhen lassen. Mit der Füllung, schnellem Röstgemüse (Seite 74), Sprouts Kohlsprossen (Seite 45) und/oder Sirius Blacks Ofenkartoffeln (Seite 51) servieren.

Tipp | Für die Brotwürfel kann man verschiedene Brotsorten verwenden. Es macht sich auch gut, sie zu mischen: Sauerteigbrot, Schwarzbrot, Vielkornbrot und sogar Brot mit Nüssen oder Trockenfrüchten können eine herrliche Konsistenz für die Füllung ergeben.

Um das Rezept glutenfrei zuzubereiten, kann man eine glutenfreie Füllung und glutenfreies Brot verwenden.

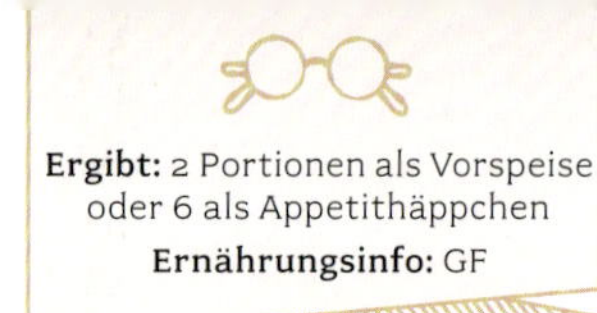

Ergibt: 2 Portionen als Vorspeise oder 6 als Appetithäppchen
Ernährungsinfo: GF

Fisch & Geflügel

AUSTERN
à la Beauxbatons

Dieses französisch inspirierte Entrée mit Austern hätte wohl auch die Mitglieder der Beauxbatons-Akademie für Magie auf dem Weihnachtsball entzückt. Jedenfalls würde es bestens zu den anderen Schalentieren auf der Speisekarte passen. Mit einer klassischen Kombination französischer Aromen wie Apfel, Fenchel und Schalotten ist dieses Gericht genauso erlesen wie das elegante Blassblau der Schuluniform von Beauxbatons. Die Austern können sowohl kalt als auch warm serviert werden. Fleur Delacour und ihre Mitschülerinnen hätten vielleicht die wärmere Variante bevorzugt, denn Kostümdesignerin Jany Temime wählte absichtlich einen leichten Seidenstoff für deren Kostüme, damit sie für das kühle schottische Wetter in Hogwarts unpassend gekleidet erscheinen.

„Champion für Beauxbatons ist Fleur Delacour!“

Albus Dumbledore,
Harry Potter und der Feuerkelch

ZUTATEN

- 4 EL weißer Balsamicoessig
- ½ TL Salz, plus mehr für die Austern
- ½ TL Zucker
- ½ grüner Apfel, geschält, ohne Gehäuse und in Würfel geschnitten
- 2 EL Schalotten, fein gehackt
- 1 EL Fenchelknolle, fein gehackt, möglichst mit Grün
- 12 kleine frische Austern

1. Essig, Salz und Zucker in einer kleinen Schüssel verrühren, bis sich Salz und Zucker auflösen. Apfel, Schalotten und Fenchel zugeben und unterrühren. Bei Raumtemperatur 30 Minuten ziehen lassen, sodass sich die Aromen verbinden. Die Mischung kann in einem luftdicht verschließbaren Behälter bis zu 3 Tage im Kühlschrank aufbewahrt werden, falls sie nicht nach 30 Minuten verwendet wird.
2. Die Austern unter kaltem Wasser abschrubben, offene Muscheln entsorgen. Austern öffnen und auf eine Austernplatte oder einen Servierteller im Salzbett legen. 1 TL Sauce auf jede Auster tröpfeln und den Rest separat in einer kleinen Schüssel mit einem Löffel servieren. Vor dem Servieren mit etwas Fenchelgrün garnieren.
3. **Wer keine rohen Austern mag, hier die gebackene Version:** Backofen auf 150 °C vorheizen.
4. Austern unter kaltem Wasser abschrubben, die offenen Muscheln aussortieren und die geschlossenen auf ein Backblech mit höherem Rand legen.
5. 3 bis 5 Minuten backen, bis sich die Austern öffnen.
6. Während des Backens in einer kleinen Pfanne bei mittlerer Hitze 2 EL ungesalzene Butter aufschäumen lassen. Apfel-Essig-Mischung zugeben und 2 bis 3 Minuten dünsten, bis beinahe die gesamte Flüssigkeit verdampft ist. Vom Herd nehmen und beiseitestellen.
7. Austern aus dem Ofen nehmen und den Grill auf große Hitze einstellen. Jede Auster ganz öffnen, das Fleisch von der Schale abtrennen und wieder hineinlegen. Jede Auster mit etwa 2 TL der Apfelmischung belegen und 2 bis 3 Minuten grillen, bis sie zu bräunen beginnt. Sofort servieren.

Ergibt: 4 Portionen
Ernährungsinfo: GF

Fisch & Geflügel

Weihnachtsball-
FISCHPASTETE

Die klassische englische Fischpastete geht auf das Jahr 1600 zurück. Als Alternative zu Shepherd's Pie wurde sie „Fisherman's Pie" genannt, da sie unter ihrer cremigen Kartoffeldecke mit Fisch statt Lammfleisch gefüllt ist. Meeresfrüchte wurden auf dem Weihnachtsball in *Harry Potter und der Feuerkelch* serviert, jedoch als Kaltgericht und nicht als herzhafte warme Speise. Dafür machte das Ausstattungsteam einen Abstecher zum berühmten Londoner Fischmarkt Billingsgate Market. So ein Aufwand ist hier nicht nötig, denn bei diesem Gericht geht es darum, alles möglichst einfach zu halten.

ZUTATEN

Für das Kartoffelpüree

1,25 kg mehlige Kartoffeln, in Würfel geschnitten

2 EL Butter

70 g Parmesan, gerieben

Salz und frisch gemahlener Pfeffer nach Geschmack

Für die Füllung

1 EL Olivenöl

1 EL gesalzene Butter

2 Karotten, in Würfel geschnitten

4 Frühlingszwiebeln, dünn geschnitten

2 Knoblauchzehen, in Würfel geschnitten

125 g Sahne

500 g Kabeljau, Schellfisch oder Wolfsbarsch

20 g Petersilie, grob gehackt

Saft und Schale von 1 Zitrone

½ TL Salz

„Mann, Harry, du kämpfst gegen Drachen. Wenn du keine kriegst, wer dann?"

„Den Drachen würde ich jetzt vorziehen."

Ron Weasley und Harry Potter,
Harry Potter und der Feuerkelch

1. **Zubereitung der Kartoffeln:** Gesalzenes Wasser in einem großen Topf zum Kochen bringen. Kartoffelwürfel zugeben und bei mittlerer Hitze 10 bis 15 Minuten sehr weich kochen.
2. Kartoffeln abgießen und wieder in den Topf geben. Diesen auf die abgeschaltete Herdplatte stellen und die Kartoffeln leicht zerdrücken. Butter und 35 g Parmesan zugeben und rühren, bis die Butter geschmolzen ist. Kartoffelpüree luftig aufschlagen. Mit Salz und frisch gemahlenem Pfeffer abschmecken. Bis zur Verwendung beiseitestellen.
3. **Zubereitung der Füllung**: Backofen auf 190 °C vorheizen.
4. Olivenöl und Butter in einer mittelgroßen Pfanne aufschäumen lassen. Karotten, Frühlingszwiebeln und Knoblauch zugeben und etwa 3 Minuten weich garen.
5. Sahne zugeben und unter Rühren weitere 3 bis 5 Minuten köcheln und eindicken lassen. Beiseitestellen.
6. Fisch in etwa 2,5 cm große Stücke schneiden, dabei sorgfältig die Gräten entfernen. Fisch mit Petersilie, Zitronenschale und Salz in einer mittelgroßen Schüssel vermischen. Mischung auf dem Boden einer etwa 23 x 23 cm großen Backform verteilen und mit der Sahnemischung übergießen.
7. Mit einem Esslöffel das Kartoffelpüree über dem Fisch verteilen, sodass die gesamte Oberfläche bedeckt ist. Mit dem Löffelrücken vorsichtig ein Schuppenmuster in die Kartoffelmasse drücken. Mit dem restlichen Parmesan bestreuen und 20 bis 25 Minuten goldbraun backen, bis die Masse blubbert. Reste können in einem luftdicht verschließbaren Behälter bis zu 24 Stunden aufbewahrt werden.

DESSERTS

KEEP
Chudley Cannons
Falmouth Falcons
Holyhead Harpies
Kenmare Kestrels
Montrose Magpies
Pride of Portree
Puddlemere United
Tutshill Tornados
Wigtown Wanderers
Wimbourne Wasps
TOTAL

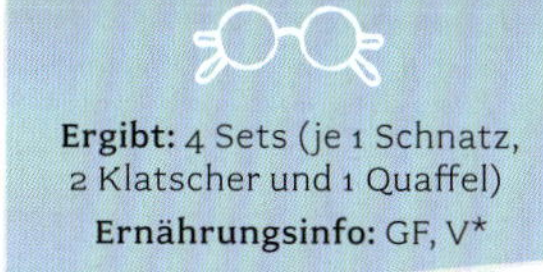

Ergibt: 4 Sets (je 1 Schnatz, 2 Klatscher und 1 Quaffel)
Ernährungsinfo: GF, V*

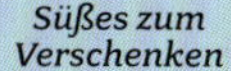

Süßes zum Verschenken

Popcorn-
QUIDDITCH-BÄLLE

Harry Potter wird zum jüngsten Sucher des Jahrhunderts in Hogwarts, als er in *Harry Potter und der Stein der Weisen* für das Gryffindor-Quidditch-Team rekrutiert wird. Die Aufgabe des Suchers ist es, den Goldenen Schnatz zu fangen, einen kleinen Ball, der wie ein Kolibri umherfliegt. Wird er gefangen, erhält das jeweilige Team 150 Punkte, und das Spiel ist zu Ende. Weitere Spielbälle sind die Klatscher, die von den Treibern zu den gegnerischen Spielern geschlagen werden, um sie abzulenken, und der Quaffel, der der Mannschaft bei einem erfolgreichen Wurf durchs Tor Punkte einbringt. Alle Bälle – selbst der Torreif! – finden sich in diesem Rezept wieder. Anders als beim Quidditch müssen die selbst gebackenen Bälle jedoch nicht so weit fliegen – nur in den Mund, als süße Gaumenfreude.

> **„Der einzige Ball, um den du dich kümmerst, ist der: der Goldene Schnatz."**
>
> Oliver Wood,
> *Harry Potter und der Stein der Weisen*

ZUTATEN

- 1,5 l Popcorn (50 g Popcorn-Mais)
- 1 EL Wasser
- 345 g Goldsirup
- 60 g Mini-Marshmallows
- 250 g Puderzucker
- ½ TL Salz
- 60 g Butter, plus mehr zum Befetten der Hände
- ½ TL Salz
- 125 g brauner Kristallzucker
- 2 EL Backkakaopulver
- 20 g Schokoladenpulver
- 125 g weiße Schokotröpfchen
- 10 Holzzahnstocher, optional
- essbares Goldpuder, optional

Fortsetzung auf Seite 88

Fortsetzung von Seite 87

1. 2 Backbleche mit Silikonbackmatten oder Backpapier auslegen. Extra weiche Butter bereitstellen, um die Hände zu befetten. Gepopptes Popcorn in eine große Schüssel geben.
2. Wasser, Goldsirup, Marshmallows, Puderzucker, Salz und Butter in einen mittelgroßen Topf geben. Mischung bei mittlerer Hitze unter ständigem Rühren zum Kochen bringen, bis die Marshmallows geschmolzen sind und die Mischung glatt ist.
3. Vom Herd nehmen, über das Popcorn gießen und schnell vermengen. Darauf achten, dass die gesamte Sirupmischung eingearbeitet ist, indem man sie auch vom Boden der Schüssel abkratzt. 1 bis 2 Minuten ziehen lassen.
4. Mit befetteten Händen 4 Schnatze formen, indem man je 2 EL der Popcornmasse zu einer festen Kugel rollt. Kugeln auf das Backblech legen. Als Nächstes die Klatscher formen, indem man etwas mehr Masse zu größeren festen Kugeln rollt. Diese ebenfalls auf das Blech legen. Zwischendurch ab und zu wieder die Hände befetten.
5. Für die Quaffel noch größere Kugeln aus der Popcornmasse formen. Mit Daumen und Zeigefingern die charakteristischen Dellen hineindrücken und danach auf das Blech legen.
6. **Zum Verzieren:** Zucker in eine flache Schüssel geben und jeden Schnatz komplett damit überziehen. Beiseitestellen (der restliche Zucker kann wiederverwertet werden).
7. Backkakao in eine separate flache Schüssel geben und über der Schüssel mit einem Backpinsel die gesamte Oberfläche jedes Klatschers bestäuben. Den Vorgang für die Quaffel in einer weiteren sauberen Schüssel mit Kakaopulver und Pinsel wiederholen.
8. **Flügel für die Schnatze:** In der Mikrowelle in einer geeigneten Schüssel die weiße Schokolade zweimal 30 Sekunden schmelzen lassen und glatt rühren. Ein Stück Backpapier auf einer ebenen Arbeitsfläche ausbreiten. Eine Seite eines dünnen Tranchiermessers dick mit Schokolade überziehen. Messerspitze auf das Backpapier drücken und zum Körper ziehen, dabei die Schokolade so verteilen, dass eine flügelartige Form entsteht. Zahnstocher etwa bis zur Mitte des Flügels stecken, sodass er etwa 1,25 cm heraussteht. Wenn nötig, etwas mehr Schokolade über den Zahnstocher gießen, um ihn zu bedecken. Mit den Zinken einer Gabel vorsichtig die „Federn" in die Schokolade zeichnen, dabei von einer Seite zur anderen arbeiten und darauf achten, die Schokolade nicht ganz durchzutrennen. Für den zweiten Flügel die Gabel in die Gegenrichtung ziehen, um eine spiegelverkehrte Form zu erhalten. So viele Flügelsets herstellen, wie Schnatze vorhanden sind. Die Flügel 5 Minuten aushärten lassen.
9. Die ausgehärteten Flügel vorsichtig vom Backpapier lösen und an den Zahnstochern halten. Vorsichtig beide Seiten mit Goldpuder bestäuben. Kurz vor dem Servieren die Zahnstocherspitzen der Flügel in die Schnatzkugeln stecken.

Tipp | Die Schokoladenflügel sind sehr fragil, deshalb sollte ein zusätzliches Set bereitstehen. Wer robustere Flügel möchte, kann Papierflügel kaufen, sollte aber nicht vergessen, die Gäste zu informieren, dass diese Flügel nur Dekor und nicht zum Essen gedacht sind. Mit vegetarischen Marshmallows wird das Rezept vegetarisch.

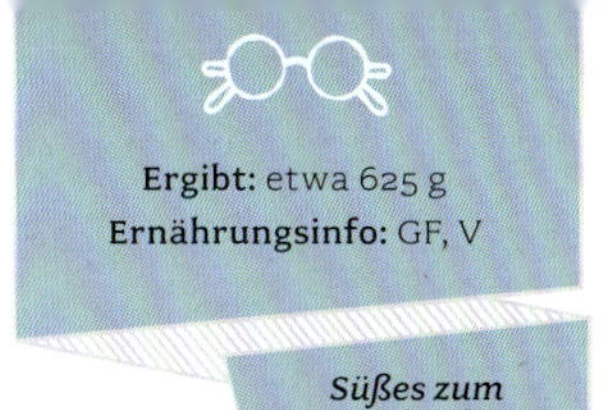

Ergibt: etwa 625 g
Ernährungsinfo: GF, V

Süßes zum Verschenken

Hagrids KÜRBISKERNKROKANT

Nicht nur aus dem Fruchtfleisch des Kürbisses lassen sich süße oder herzhafte Speisen zaubern, auch die Kürbiskerne können für eine Vielzahl von Snacks und Desserts verwendet werden. Und kaum denkbar, dass jemand wie Hagrid die Kürbisse, die in seinem Garten gedeihen, nicht restlos verwerten würde. Obwohl Erdnusskrokant eine südamerikanische Spezialität ist, ist sie in vielerlei Variationen rund um den Globus zu finden. Diese hier mit Kürbiskernen ist sehr nahrhaft – und dazu noch lecker.

> **„Ich bekomme Geschenke?"**
>
> Harry Potter,
> *Harry Potter und der Stein der Weisen*

ZUTATEN

- 375 g Zucker
- 170 ml Maissirup
- 125 ml plus 2 EL Wasser
- 250 g geröstete, gesalzene Kürbiskerne
- 1 EL Butter, plus mehr zum Befetten
- 1 TL Natron
- 1 TL Vanilleextrakt
- 2 TL grobes Salz oder Fleur de sel

1. Backblech mit höherem Rand mit Butter befetten.
2. Zucker, Maissirup, Wasser und Kürbiskerne in einer geeigneten Schüssel in der Mikrowelle 7 Minuten auf höchster Stufe erhitzen. Mit Küchenhandschuhen aus der Mikrowelle nehmen, auf einer hitzebeständigen Platte abstellen und vorsichtig umrühren.
3. Nochmals in der Mikrowelle bis zu 15 Minuten auf höchster Stufe erhitzen, bis der Sirup Fäden zieht und hart wird. Auf einem Zuckerthermometer sollte die Temperatur 150 °C anzeigen. In der Zwischenzeit Butter, Natron und Vanilleextrakt in separate Schüsseln geben und bereitstellen.
4. Sobald die Sirup-Kürbiskern-Mischung hart geworden ist, vorsichtig wie oben angegeben aus der Mikrowelle nehmen und Butter, Natron und Vanilleextrakt einrühren, bis die Masse aufhellt und Blasen wirft.
5. Das befettete Backblech auf eine hitzebeständige Unterlage stellen. Die Masse in einer dünnen Schicht aufstreichen. Die ganze Fläche mit grobem Salz oder Fleur de sel bestreuen, solange die Masse noch warm ist. Komplett abkühlen lassen und in Stücke brechen. In einem luftdicht verschließbaren Behälter bis zu 1 Woche aufbewahren.

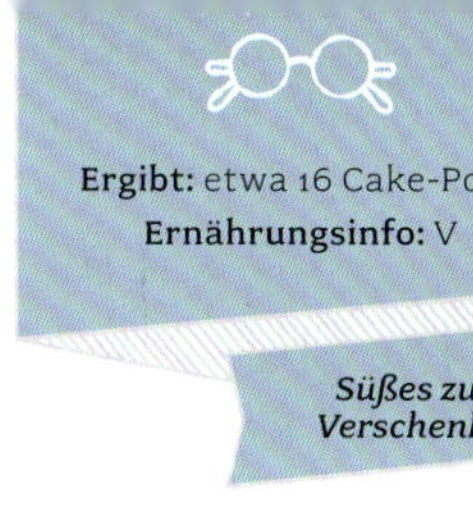

Ergibt: etwa 16 Cake-Pops
Ernährungsinfo: V

Süßes zum Verschenken

CAKE-POPS
jeder Geschmacksrichtung

Bei ihrem ersten gemeinsamen Weihnachtsfest in *Harry Potter und der Stein der Weisen* macht sich Ron über eine Schachtel Bertie Botts Bohnen jeder Geschmacksrichtung her, während er Harry beim Auspacken seiner Geschenke zusieht. Unsere Cake-Pops sind ein Tribut an die beliebten Geleebohnen und ihre rot-weiß-gelbe Verpackung, die von den Grafikern Miraphora Mina und Eduardo Lima entworfen wurde. Auf jedem Cake-Pop sitzt eine Bohne. Aber Vorsicht! Wer nicht aufpasst, erwischt möglicherweise statt einer leckeren Bohne eine mit Ohrenschmalz- oder Popelgeschmack. Und welche Bohne sich wohl im Inneren verbirgt?

> **„Du kriegst Schokolade und Pfefferminz, es gibt aber auch Spinat, Leber und Kutteln."**
>
> Ron Weasley,
> *Harry Potter und der Stein der Weisen*

Fortsetzung auf Seite 92

Fortsetzung von Seite 91

ZUTATEN

180 g Kuchenkrümel (etwa die Hälfte vom Kuchen auf Seite 131)

70 g Frischkäse, zimmerwarm

2 EL Butter, weich

50 g weiße Schokotröpfchen, geschmolzen

700 g weiße Kuvertüre

90 g Bertie Botts Bohnen jeder Geschmacksrichtung (online erhältlich)

150 g rote Schmelzdrops

150 g gelbe Schmelzdrops

Spezialausstattung
16 Lollipop-Stäbchen

2 kleine, saubere Pinsel

1. Kuchenkrümel, Frischkäse und Butter in einer großen Schüssel vermengen. Mit dem Handrührgerät bei niedriger Stufe zu einem Teig vermengen. Teig an den Seiten nach unten schaben und die geschmolzene Schokolade zugeben. Nochmals bei mittlerer Stufe rühren, bis alle Zutaten einen homogenen Teig ergeben, der sich von den Seiten zu lösen beginnt.
2. Ein Backblech mit einer Silikonbackmatte oder Backpapier auslegen. Bohnen sortieren, dabei entscheiden, wie viele „Überraschungs"-Cake-Pops dabei sein sollen. Aus passenden Geschmacksrichtungen 16 Paare bilden. Für die „Überraschungs"-Cake-Pops Paare mit ähnlichen Farben wählen, wie z. B. grüner Apfel und Gras oder Marshmallow und Ohrenschmalz.
3. Etwa 30 g weiße Kuvertüre in einer geeigneten Schüssel in der Mikrowelle 30 Sekunden schmelzen lassen und glatt rühren.
4. Für jeden Cake-Pop etwa 2 EL der Kuchenmischung verwenden. Alle Cake-Pops formen und auf das Backblech legen. Die Enden der Lollipop-Stäbchen in die geschmolzene Schokolade dippen und dann je einen mindestens 2,5 cm tief in jeden Cake-Pop stecken. Je eine Bohne in die Seite der Cake-Pops drücken, sodass sie sicher anhaftet, aber noch sichtbar bleibt. Die passenden Paare nebeneinander stellen. Cake-Pops eine Stunde anfrieren.
5. Gegen Ende der Gefrierzeit die restliche Kuvertüre in einer geeigneten Schüssel in der Mikrowelle 30 Sekunden schmelzen und glatt rühren.
6. Cake-Pops nacheinander bearbeiten. Die passenden Paare der Bohnen suchen und den Cake-Pop in die Kuvertüre tauchen, dabei darauf achtgeben, dass alles bis zum Stäbchen überzogen ist. Überschüssige Schokolade leicht abschütteln und den Cake-Pop wieder auf das Blech setzen. Sofort die passende Bohne in die Schokolade drücken und mit den restlichen Cake-Pops gleich verfahren.
7. Cake-Pops 5 bis 10 Minuten setzen lassen.
8. Schmelzdrops in zwei separate kleine Schüsseln geben, in der Mikrowelle in Intervallen von 30 Sekunden schmelzen lassen und glatt rühren. Mit kleinen, sauberen Pinseln rote und gelbe Streifen auf die Cake-Pops malen und weitere 5 Minuten trocknen lassen.
9. Sobald die Cake-Pops trocken sind, kann man sie in einem luftdicht verschließbaren Behälter bis zu 3 Tage aufbewahren. Oder man wickelt sie in Zellophan und verschenkt sie.

HONEYDUKES

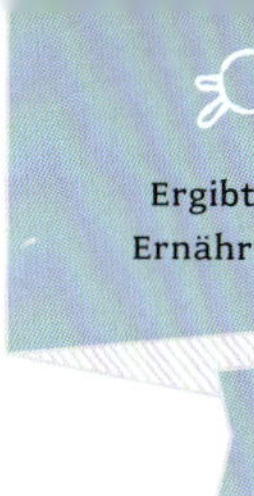

Ergibt: 12 Tartes
Ernährungsinfo: V

Süßes zum Verschenken

Ginnys Mini-
TARTES

Mincemeat Pies in allen erdenklichen Größen sind ein fester Bestandteil des britischen Weihnachtsfestes. Während sie im Mittelalter mit gehacktem Hammel- oder Rindfleisch gefüllt wurden, sind seit viktorianischer Zeit Füllungen aus Früchten, Zitronat und Orangeat üblich. Einer Überlieferung zufolge muss man beim Vermischen der Zutaten im Uhrzeigersinn rühren und sich etwas wünschen. In *Harry Potter und der Halbblutprinz* füttert Ginny Weasley Harry an Weihnachten mit einem solchen Törtchen — und das verfehlt seine Wirkung nicht.

> **„Los, Mund auf!"**
>
> Ginny Weasley zu Harry Potter,
> *Harry Potter und der Halbblutprinz*

Fortsetzung auf Seite 96

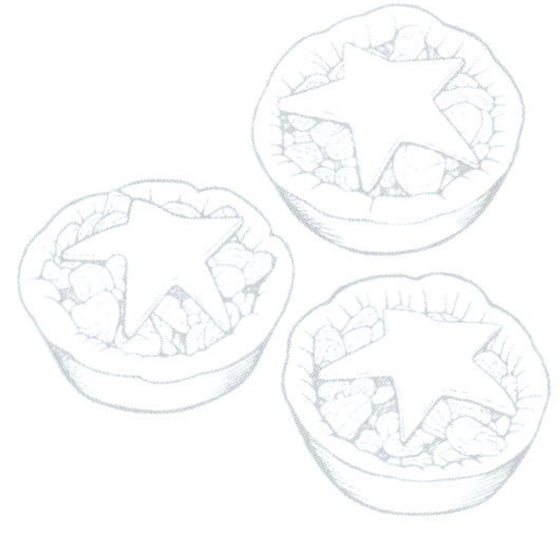

Fortsetzung von Seite 95

ZUTATEN

Für die Füllung
2 knackige Äpfel, geschält, ohne Gehäuse, gehackt
2 TL Butter
1 Zitrone, Saft und Abrieb
220 g brauner Zucker
60 ml Apfelsaft
185 g Sultaninen
185 g dunkle Rosinen
30 g kandierter Ingwer, in Würfel geschnitten
2 TL Orangenmarmelade
¼ TL Gewürznelken, gemahlen

Für den Teig
390 g Mehl
1 TL Salz
2 TL Puderzucker
½ TL Zimt
125 g Butter, sehr kalt
125 g planzliches Backfett, sehr kalt
80 ml Eiswasser

Spezialausstattung
12er-Muffinform
runder Keksausstecher (8,5–9 cm) oder Teigrad
sternförmiger oder runder Keksausstecher (5 cm)

1. **Zubereitung der Füllung:** Äpfel, Butter und Zitronensaft in einem mittelgroßen Topf bei mittlerer Hitze 5 Minuten kochen, bis die Äpfel weich sind. Braunen Zucker und Apfelsaft zugeben und weitere 5 bis 7 Minuten kochen, bis sich der Zucker aufgelöst hat.
2. Sultaninen, Rosinen, Ingwer, Marmelade und Gewürznelken zugeben und gut verrühren. Etwa 10 Minuten weiterkochen, bis die Mischung so weit eindickt, dass ein Löffelrücken damit überzogen werden kann. In eine Schüssel geben, Zitronenabrieb unterrühren und komplett abkühlen lassen.
3. **Zubereitung des Teigs:** Salz, 1 EL Puderzucker und Zimt in einer großen Schüssel vermengen. Butter und pflanzliches Backfett in esslöffelgroße Stücke schneiden und zum Mehl geben. Mit einem Teigmischer oder 2 Gabeln ins Mehl einarbeiten. Eiswasser nach und nach zugießen und vorsichtig unterrühren, bis sich der Teig verbindet.
4. Die Vertiefungen der Muffinform großzügig mit Butter befetten. Die Hälfte des Teigs 3 mm dick ausrollen. Mit dem großen Keksausstecher Kreise ausstechen, diese in die Muffinformen legen und leicht andrücken, damit sie die Form komplett ausfüllen, dabei darauf achten, dass die Seitenwände möglichst gerade bleiben. Mit den Zinken einer Gabel die Ränder des Teigs festdrücken. Die Form mit dem Teig kalt stellen.
5. Die zweite Hälfte des Teigs ausrollen und mit dem kleinen Ausstecher Sterne oder Kreise ausstechen, diese auf ein Backblech legen und mindestens 15 Minuten kalt stellen. Backofen auf 190 °C vorheizen.
6. In jede Teigform etwa 3 EL der Füllung geben, mit einem Teigstern oder -kreis abdecken und 20 bis 25 Minuten goldbraun backen, bis die Füllung blubbert. 15 Minuten in der Form abkühlen lassen, danach mit einem Gummispatel vorsichtig aus den Formen lösen. Auf einem Kuchengitter komplett abkühlen lassen, danach in einem luftdicht verschließbaren Behälter zwischen Lagen von Backpapier legen. Bei Raumtemperatur kann man die Tartes bis zu 3 Tage aufbewahren.

Eine sternenklare Winternacht vor dem Fuchsbau, dem Haus der Familie Weasley, Konzeptkunst von Andrew Williamson für *Harry Potter und der Halbblutprinz*

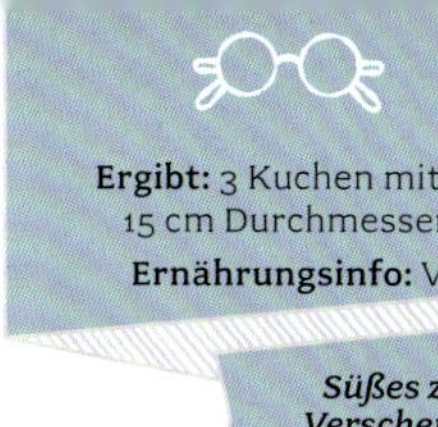

Ergibt: 3 Kuchen mit je 15 cm Durchmesser

Ernährungsinfo: V

Süßes zum Verschenken

WEIHNACHTSKUCHEN
wie in der Großen Halle

Diese britische Weihnachtsspezialität – auch als Fruitcake oder Englischer Kuchen bekannt – ist reichlich gespickt mit süßen Trockenfrüchten wie Kirschen und Aprikosen sowie Mandelsplittern, die für eine knackige Konsistenz sorgen. Frucht- und Nusskuchen begannen ihren Siegeszug auf den britischen Inseln im Mittelalter. Daher überrascht es nicht, dass dieser Kuchen beim Festmahl in Hogwarts serviert wird, immerhin wurde die Schule im Mittelalter gegründet. Ein Schluck Brandy dazu, und schon fühlt es sich so behaglich an, als säße man in der Großen Halle mit dem mächtigen Kamin und den 30 Meter langen Tischen.

> **„Ding dong, ding dong,**
> **Ring the Hogwarts bell!“**
>
> Geisterchor in Hogwarts,
> *Harry Potter und der Stein der Weisen*

Fortsetzung auf Seite 100

Fortsetzung von Seite 99

ZUTATEN

100 g Sultaninen

70 g getrocknete Kirschen, in Würfel geschnitten

125 g Aprikosen, in Würfel geschnitten

375 ml Brandy

250 g gesalzene Butter, plus mehr zum Befetten

330 g brauner Zucker

125 g Zucker

4 Eier, Eiweiß und Eigelb getrennt

80 g blanchierte Mandeln

390 g Mehl, plus mehr für die Formen

1 TL Backpulver

½ TL Salz

½ TL Muskatnuss

½ TL Cayennepfeffer

Spezialausstattung

3 Tortenformen mit je etwa 15 cm Durchmesser

3 Mulltücher, etwa 38 x 38 cm

3 Aluminiumfolien, etwa 38 x 38 cm

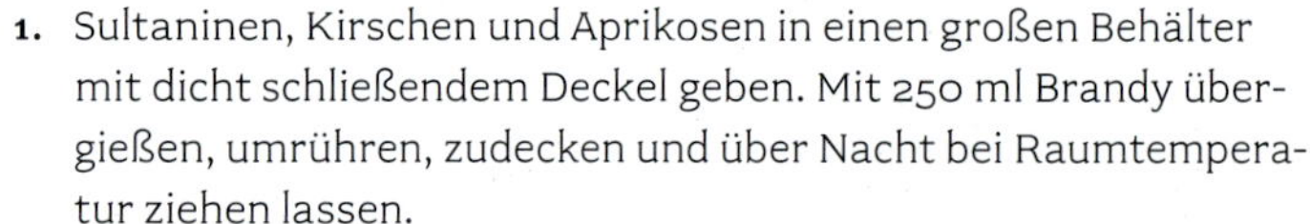

1. Sultaninen, Kirschen und Aprikosen in einen großen Behälter mit dicht schließendem Deckel geben. Mit 250 ml Brandy übergießen, umrühren, zudecken und über Nacht bei Raumtemperatur ziehen lassen.
2. Früchte über einer Schüssel abseihen, Früchte und Flüssigkeit beiseitestellen.
3. Tortenformen mit Butter befetten, die Böden mit passend zugeschnittenem Backpapier auslegen und die Ränder bemehlen. Backofen auf 135 °C vorheizen.
4. Butter in der Schüssel einer Küchenmaschine etwa 1 Minute schaumig schlagen. Braunen und weißen Zucker nach und nach zugeben. Mixen, bis sich alles gut verbunden hat. Eigelbe nach und nach einarbeiten, dabei die Masse nach unten schaben.
5. Mandeln und 75 g Mehl in einer mittelgroßen Schüssel mischen und beiseitestellen. In einer anderen mittelgroßen Schüssel das restliche Mehl mit Backpulver, Salz, Muskatnuss und Cayennepfeffer vermischen.
6. Die Hälfte der Mehlmischung zur Buttermischung geben und gut einarbeiten. Die Fruchtflüssigkeit unterrühren, dabei die Masse an den Seiten nach unten schaben. Restliche Mehlmischung zugeben und gut einarbeiten. Beiseitestellen.
7. Eiweiß in einer separaten Schüssel steif schlagen, bis sich Spitzen bilden, und unter die Masse heben. Zuerst die Früchte, dann die Nüsse unterrühren. Masse gleichmäßig auf die drei Formen verteilen. 1 bis 1½ Stunden goldbraun backen, bis an einem eingesteckten Teststäbchen nichts mehr haften bleibt. 15 Minuten in der Form abkühlen lassen, dann die Kuchen mit einem Gummispatel vorsichtig von den Seiten lösen und auf ein Kuchengitter stürzen. Kuchen umdrehen und abkühlen lassen.
8. Sobald die Kuchen komplett abgekühlt sind, Mulltücher mit dem restlichen Brandy befeuchten. Aluminiumfolie flach auflegen, ein Mulltuch darüberlegen und einen Kuchen mittig daraufsetzen. Kuchen zuerst in das Mulltuch, dann in die Aluminiumfolie einschlagen. Mit den restlichen Kuchen genauso verfahren.
9. Kuchen bis zu 3 Monate im Kühlschrank aufbewahren. Man kann sie auch sofort essen, doch sie schmecken am besten, wenn man sie 1 Monat im Voraus zubereitet, damit sich die Aromen entwickeln können und der Brandy aufgesaugt wird. Wenn die Kuchen im Voraus zubereitet werden, alle 2 Wochen kontrollieren, ob die Mulltücher noch feucht sind. Falls nicht, nochmals mit Brandy befeuchten und wieder einwickeln.
10. Zum Servieren kann man die Kuchen mit getrockneten Früchten und Nüssen verzieren und mit einem Band dekorieren.

Ergibt: 8 Portionen
Ernährungsinfo: V

Torten & Kuchen

Harrys Lieblings-
SIRUPTORTE

Siruptorte ist ein typisch britisches Gebäck zum Nachmittagstee — oder jede andere Gelegenheit — und bekanntlich eine Lieblingsspeise von Harry Potter. Melasse fällt als Nebenprodukt bei der Zuckerherstellung an. Sie ist in heller und dunkler Farbe erhältlich. In diesem Rezept wird Goldsirup, die hellere Variante von Melasse, mit Zitrone und Semmelbröseln zu einer puddingähnlichen Füllung verarbeitet. Schokotröpfchen verleihen dem Ganzen zusätzlich Süße.

> **„Frohe Weihnachten, Harry."**
>
> **„Frohe Weihnachten, Ron."**
>
> Ron Weasley und Harry Potter,
> *Harry Potter und der Stein der Weisen*

ZUTATEN

Die Hälfte des Teigs vom Zauberschachbrettkuchen (Seite 107), aber Ingwer durch ½ TL Zimt ersetzen

1 Zitrone, Saft und Abrieb

315 g Goldsirup

2 Eier

90 g frische Semmelbrösel

90 g zartbittere Schokotröpfchen

Schlagsahne zum Servieren, optional

Spezialausstattung
Springform aus Metall (etwa 23 cm) oder Keramikform

1. Teig auf einer leicht bemehlten Arbeitsfläche passend zur Form ausrollen. Bei Verwendung einer Springform mit herausnehmbarem Boden den überschüssigen Teig abtrennen, indem man ihn gegen die Kante drückt. Bei einer Keramikform den überschüssigen Teig mit einem scharfen Messer abtrennen. 30 Minuten kalt stellen.
2. Gegen Ende der Kühlzeit Backofen auf 220 °C vorheizen
3. Den gekühlten Teig mit Aluminiumfolie bedecken und mit Backgewichten oder getrockneten Bohnen beschweren. 10 Minuten backen. Aus dem Ofen nehmen, Aluminiumfolie und Backgewichte entfernen und den Teig mit einer Gabel am Boden und an den Seiten mehrfach einstechen. Für weitere 10 Minuten zurück in den Ofen geben.
4. Während des Backens die Füllung vorbereiten. Zitronensaft und -abrieb in einer großen Schüssel mit dem Goldsirup und den Eiern verquirlen, bis alles gut vermengt ist. Brösel zugeben und gut einarbeiten.
5. Form aus dem Ofen nehmen und die Schokotröpfchen auf dem Boden verteilen. 5 Minuten ruhen lassen. Füllung eingießen, glatt streichen und 20 bis 25 Minuten goldbraun backen, bis sich die Füllung gesetzt hat, aber in der Mitte noch leicht nachgibt. Auf einem Kuchengitter abkühlen lassen. Die Torte kann warm oder kalt und, wenn gewünscht, mit Schlagsahne serviert werden.

Ergibt: 8 bis 12 Portionen
Ernährungsinfo: V

Torten & Kuchen

Verschneite FUCHSBAU-TORTE

In *Harry Potter und der Halbblutprinz* verbringt Harry Weihnachten im Fuchsbau, wo der Festtagstisch mit goldenen Knallbonbons, bunt zusammengewürfeltem Geschirr und einem Kuchen mit hohen, baumförmigen Spitzen aus weißem Zuckerguss (und einem Schlittschuh laufenden Schneemann) gedeckt ist. In Anlehnung daran ist dieser typisch britische Biskuitkuchen mit Trüffeln in Form von Schneemännern dekoriert. Das Haus der Weasleys ist schrullig, verspielt und heimelig. Nach den Vorstellungen der Ausstatterin Stephenie McMillan sollte es den Anschein erwecken, als ob das gesamte Inventar vom Flohmarkt stammt oder vom Sperrmüll gerettet wurde. Das Haus an sich sollte so aussehen, als hätte Arthur Weasley alles selbst gebaut.

> **„Ding dong, ding dong,**
> **Make the Christmas**
> **morning bright.**
> **Fly high across the sky,**
> **Light the Christmas night."**
>
> Geisterchor in Hogwarts,
> *Harry Potter und der Stein der Weisen*

ZUTATEN

Für die Masse
3 Eier

250 ml Vollmilch

Abrieb von 1 kleinen Orange

2 EL frisch gepresster Orangensaft

1 TL Vanillepaste oder Vanilleextrakt

355 g Mehl

315 g Zucker

4 TL Backpulver

¼ TL Salz

185 g gesalzene Butter, weich

Für die Trüffeln
185 g weiße Schokolade

125 g Sahne

¼ TL Orangenextrakt

¼ TL gemahlener Ingwer

Maisstärke für die Hände

185 g weiße Zuckerplättchen oder weiße Schokolade (siehe Tipp)

Liebesperlen (schwarz und orange), Lakritze und Fruchtgummistreifen (rot)

Für Glasur und Füllung
370 g weiße Schokolade

550 g Frischkäse, zimmerwarm

310 g Butter, weich

2 EL Orangensaft

1 TL Vanilleextrakt

225 g Orangenmarmelade

4 bis 6 kleine Salzstangen, optional

opalfarbener Glitzerzucker, optional

Spezialausstattung
2 Tortenformen (etwa 20 cm)

große Sterntülle, optional

Fortsetzung auf Seite 104

Fortsetzung von Seite 103

1. **Zubereitung der Masse:** Den Boden der Tortenformen mit rundgeschnittenem Backpapier auslegen. Backofen auf 180 °C vorheizen.
2. Eier in einer mittelgroßen Schüssel verquirlen, Milch, Orangenabrieb und -saft sowie Vanille unterrühren. Beiseitestellen.
3. In der Schüssel einer Küchenmaschine mit dem Rührbesen (oder mit dem Handrührgerät) Mehl, Zucker, Backpulver und Salz gut verrühren. Weiche Butter zugeben und bei niedriger Geschwindigkeit einarbeiten, bis eine grob krümelige Masse entsteht.
4. 125 g der Eimischung zur Teigmischung geben und 2 Minuten bei mittlerer Stufe (höchste Stufe beim Rührgerät) rühren. Gerät stoppen, die restliche Eimischung zugießen und nochmals 1 Minute rühren. Gerät stoppen, Masse an den Seiten nach unten schaben und nochmals 30 Sekunden rühren. Masse gleichmäßig auf die zwei Tortenformen verteilen und 20 bis 25 Minuten backen, bis an einem Teststäbchen kein Teig mehr haften bleibt. 15 Minuten in der Form abkühlen lassen, dann mit einem Gummispatel vorsichtig die Ränder lösen und auf ein Kuchengitter stürzen.
5. **Zubereitung der Trüffeln:** Schokolade in eine für die Mikrowelle geeignete Schüssel geben und mit der Sahne übergießen. 1 Minute erhitzen und danach 5 Minuten ruhen lassen. Glatt rühren und danach Orangenextrakt und Ingwer unterrühren. Zudecken und 2 bis 3 Stunden kalt stellen, bis man die Masse weiterverarbeiten kann.
6. Backblech mit einer Silikonbackmatte oder Backpapier auslegen. Schokoladenmischung aus dem Kühlschrank nehmen. Hände mit etwas Maisstärke bestäuben, aus je 2 EL Masse 4 große Kugeln formen und zwischen den Händen rollen. Je 2 TL Masse zu 4 kleineren Kugeln formen. Trüffeln auf das Backblech setzen, während man die Glasur schmilzt.
7. Glasur der Wahl (siehe Tipp) in einer für die Mikrowelle geeigneten Schüssel schmelzen lassen und glatt rühren. Jede Kugel in die Glasur tunken, den Überschuss leicht abschütteln und zurück auf das Backblech geben. Glasurreste für die Verzierungen beiseitestellen.
8. Wenn alle Trüffeln überzogen sind, mit dem Backblech 5 Minuten kalt stellen. Für den Schneemann eine große und eine kleine Kugel mit etwas Glasur zusammenkleben. Mit Liebesperlen als Augen, Nase und Knöpfe, Hut aus Lakritze und Schal aus Fruchtgummistreifen dekorieren. Den Schneemann und die restlichen Trüffeln in einem luftdicht verschließbaren Behälter bis zum Servieren kalt stellen.
9. **Zubereitung der Glasur:** Schokolade in einer mikrowellengeeigneten Schüssel in Intervallen von 30 Sekunden schmelzen und immer wieder glatt rühren.
10. Frischkäse in der Schüssel einer Küchenmaschine mit dem Rührbesen etwa 2 Minuten luftig aufschlagen, danach von den Seitenwänden nach unten schaben. Schokolade in drei Portionen zugeben und erst 30 Sekunden bei niedriger, dann 30 Sekunden bei hoher Geschwindigkeit einarbeiten. Danach die Masse wieder nach unten schaben. Die Küchenmaschine bei niedriger bis mittlerer Geschwindigkeit laufen lassen, die Butter nach und nach esslöffelweise zugeben und einarbeiten. Masse wieder nach unten schaben. Statt des Rührbesens den Schneebesen nehmen und Orangensaft und Vanille zugeben. 30 Sekunden bis 1 Minute leicht und luftig aufschlagen.
11. 250 g der Glasur mit der Marmelade mischen und beiseitestellen.
12. **Fertigstellung:** Etwas Glasur auf eine Tortenplatte oder einen Servierteller streichen und eine Torte daraufsetzen. Mit der Marmelade-Glasur-Mischung gleichmäßig bis zum Rand bestreichen. Die zweite Torte daraufstellen und mit der restlichen Glasur die ganze Torte, auch an den Seiten, überziehen. Für die Bäume einen Spritzbeutel mit einer großen Sterntülle mit der restlichen Glasur füllen. Wo ein Baum stehen soll, einen großen Stern als Basis für den Baum aufspritzen. Eine Salzstange in die Mitte stecken und die Sterntülle darüber stülpen, dabei leicht bis zur Basis der Salzstange drücken. Langsam entlang der Salzstangen nach oben gleiten und dabei weitere Sterne spritzen. Darauf achten, dass die Sterne nach oben hin immer kleiner werden. Bis eine Stunde vor dem Servieren kalt stellen.
13. Wenn man die Torte aus dem Kühlschrank nimmt, kann man sie mit dem Schneemann und den extra „Schneebällen" dekorieren. Mit dem dunklen Glitzer die Schlittschuhspuren des Schneemanns zeichnen.

Tipp | Weiße Schokolade ist nicht rein weiß. Damit die Trüffeln weiß wie Schnee werden, kann man sie mit einer Glasur aus weißen Zuckerplättchen überziehen.

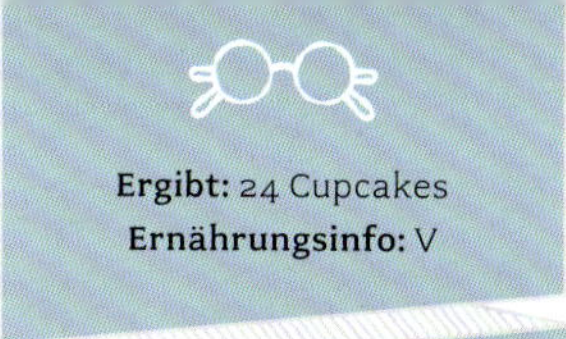

Ergibt: 24 Cupcakes
Ernährungsinfo: V

Torten & Kuchen

Schlaftrank-
CUPCAKES

In *Harry Potter und die Kammer des Schreckens* versuchen Harry, Ron und Hermine während der Weihnachtsferien, den Erben von Slytherin ausfindig zu machen. Dabei handelt es sich um einen Nachkommen von Salazar Slytherin, der den mörderischen Basilisken in der Kammer des Schreckens freigelassen hat, damit dieser muggelstämmige Schüler angreift. Hermine braut einen Vielsaft-Trank, damit Harry und Ron als Draco Malfoys Kumpel Crabbe und Goyle getarnt in den Slytherin-Schlafsaal gelangen können. Die Aufgabe ist ein Kinderspiel, denn die Slytherins schnappen sich gierig zwei schwebende Cupcakes, die mit Schlaftrank versehen sind. Diese Cupcakes hier mit erfrischendem Orangengeschmack und Schokoladen-Ganache-Topping sind so fluffig, dass sie durchaus auch schweben könnten.

> **„Ich habe die hier mit einem einfachen Schlaftrank gefüllt. Einfach, aber sehr stark."**
>
> Hermine Granger,
> *Harry Potter und die Kammer des Schreckens*

ZUTATEN

Für den Kuchen
3 Eier
250 ml Vollmilch
1 EL Vanilleextrakt
Abrieb von 1 Orange
1 EL Orangensaft
350 g Mehl
315 g Zucker
4 TL Backpulver
½ TL grobes Salz
185 g Butter, weich

Für die Ganache
90 g zartbittere Schokoladentröpfchen
250 g Sahne
2 EL orangefarbene Streusel

Spezialausstattung
2 12er-Muffinformen

1. **Zubereitung der Cupcakes:** Backofen auf 180 °C vorheizen. Die Vertiefungen der Muffinformen mit Papierförmchen auskleiden.
2. Eier in einer mittelgroßen Schüssel verquirlen. Milch, Vanilleextrakt, Orangenabrieb und -saft zugeben und gut verrühren. Beiseitestellen.
3. In der Schüssel einer Küchenmaschine mit dem Rührbesen (oder mit dem Handrührgerät) Mehl, Zucker, Backpulver und Salz gut verrühren. Weiche Butter zugeben und bei niedriger Stufe einarbeiten, bis eine krümelige Masse entsteht.
4. 125 ml der Milchmischung beiseitestellen, den Rest zur Mehlmischung geben und 2 Minuten bei mittlerer Stufe (höchste Stufe beim Handrührgerät) rühren. Stoppen und die restliche Milchmischung zugießen. 1 Minute weiterrühren. Gerät wieder stoppen, Masse an den Seiten nach unten schaben und nochmals 30 Sekunden rühren. Jede Muffinform bis zur Hälfte befüllen. 15 bis 20 Minuten backen, bis an einem Teststäbchen kein Teig mehr haften bleibt. Cupcakes in der Form auf einem Kuchengitter abkühlen lassen. Vor dem Glasieren komplett abkühlen lassen.
5. **Zubereitung der Ganache:** Schokotröpfchen in eine für die Mikrowelle geeignete mittelgroße Schüssel geben und mit der Sahne übergießen. 1 Minute erhitzen und danach 5 Minuten ruhen lassen. Glatt rühren und etwa 10 Minuten abkühlen lassen, bis die Ganache streichfähig ist.
6. Einen Klecks Ganache in die Mitte jedes Cupcakes setzen und mit Streuseln bestreuen. Die Cupcakes können in einem luftdicht verschließbaren Behälter bis zu 3 Tage aufbewahrt werden.

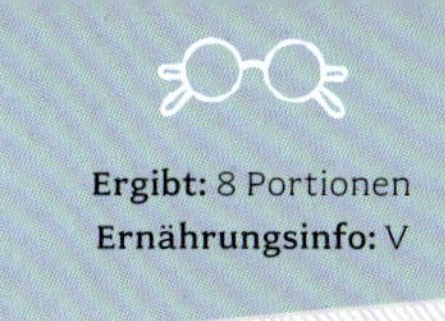

Ergibt: 8 Portionen
Ernährungsinfo: V

Zauber-
SCHACHBRETTKUCHEN

Auf der Suche nach dem Stein der Weisen müssen Harry, Ron und Hermine eine Reihe von Hindernissen überwinden, darunter ein dreiköpfiger Hund, fliegende Schlüssel und eine tödliche Partie Zauberschach. Rons Schachtalent verhilft den Freunden zum Sieg, und Harry findet den Stein der Weisen. Im Film wurde für die Marmorierung des Schachbretts Ölfarbe in ein Wasserbad gegossen und mit einem Stab zu Schlieren verzogen. Dann wurde Papier auf die Wasseroberfläche gelegt, das die Farbe aufnahm. Bei unserem Kuchen reichen ein paar Tropfen Lebensmittelfarbe für die dunklen Schachfelder.

> **„Das ist Zauberschach!“**
>
> Ron Weasley,
> *Harry Potter und der Stein der Weisen*

ZUTATEN

Für den Teig

390 g Mehl

2 EL Zucker

2 TL Zimt, gemahlen

125 g Butter, sehr kalt

60 g pflanzliches Backfett, sehr kalt

80 ml Eiswasser

1 Ei zum Bestreichen

2 oder 3 Tropfen schwarze Lebensmittelfarbe

Für die Füllung

1 Ei

4 Eigelb

155 g Zucker

155 g brauner Zucker

¼ TL Salz

80 g Sahne

80 ml Vollmilch

6 EL gesalzene Butter, in kleine Stücke geschnitten

Für den Nusskrokant

250 g Walnüsse

Zimt-Zucker-Mischung, vom Teig

1 TL Pflanzenöl

Fortsetzung auf Seite 108

Fortsetzung von Seite 107

1. **Zubereitung des Teigs:** Mehl, Salz, 1 EL Zucker und ½ TL Zimt in einer großen Schüssel vermengen. Butter und pflanzliches Backfett in esslöffelgroße Stücke schneiden und zur Mehlmischung geben. Mit einem Teigmischer oder zwei Gabeln ins Mehl einarbeiten. Wasser nach und nach zugießen und vorsichtig untermischen, bis sich der Teig verbindet.
2. Auf einer leicht bemehlten Arbeitsfläche die Hälfte des Teigs ausrollen und in eine Tarteform (etwa 23 cm) legen. Überschüssigen Teig mit einem scharfen Messer abschneiden, dabei etwa 1,25 cm Überhang lassen. Diesen unterschlagen und mit den Fingern den Rand leicht wellen.
3. Die andere Hälfte des Teigs ausrollen und mit einem Teigrad oder scharfen Messer etwa 2,5 x 2,5 cm große Quadrate ausschneiden. Mindestens 20 Quadrate schneiden und auf ein mit einer Silikonbackmatte oder Backpapier ausgelegtes Backblech legen. Sowohl den Teig für die Tarte als auch die Quadrate 30 Minuten kalt stellen.
4. Gegen Ende der Kühlzeit Backofen auf 220 °C vorheizen. Das Ei mit 1 EL Wasser und einigen Tropfen schwarzer Lebensmittelfarbe in einer kleinen Schüssel verquirlen. In einer separaten kleinen Schüssel 1 EL Zucker und 1½ TL Zimt vermengen.

5. Sobald der Teig kalt ist, Quadrate mit dem verquirlten Ei bestreichen und mit etwa der Hälfte der Zucker-Zimt-Mischung bestreuen, den Rest für das Topping aufheben. Den Tarteteig mit Aluminiumfolie abdecken, mit Backgewichten beschweren und Teigboden und Quadrate 10 Minuten backen. Tarteform aus dem Ofen nehmen, Aluminiumfolie und Backgewichte entfernen, den Teigboden und jede zweite Wölbung des Rands mit dem verquirlten Ei bestreichen. Tarteform wieder in den Ofen schieben und weitere 7 bis 10 Minuten backen. Quadrate im Auge behalten und aus dem Ofen nehmen, sobald sie knusprig und leicht gebräunt sind. Teigboden aus dem Ofen nehmen und abkühlen lassen. Ofentemperatur auf 135 °C reduzieren und ein Kuchengitter in die Mitte des Ofens einschieben.
6. **Zubereitung der Füllung:** In einer mittelgroßen hitzebeständigen Schüssel Ei, Eigelbe, weißen und braunen Zucker sowie Salz gut verquirlen. Sahne und Milch unterrühren. Einen großen Topf etwa 2,5 cm hoch mit Wasser befüllen und zum Kochen bringen. Die Hitze reduzieren und die Schüssel ins Wasser setzen. Butterstücke über der Masse verteilen und rühren, bis die Butter geschmolzen und die Masse schimmernd und handwarm ist.
7. Tarteform mit dem Teig auf das Ofengitter setzen und die Füllung eingießen. 45 bis 50 Minuten backen, bis die Füllung am Rand fest wird, in der Mitte jedoch noch leicht nachgibt. Aus dem Ofen nehmen und auf einem Kuchengitter komplett abkühlen lassen. Der Kuchen sollte im Kühlschrank gelagert werden und kann bis zu 3 Tage aufbewahrt werden. Vor dem Servieren auf Raumtemperatur kommen lassen und die gebackenen Quadrate auf dem Kuchen schachbrettartig verteilen.
8. **Zubereitung des Nusskrokants:** Walnüsse in einer kleinen Pfanne bei hoher Hitze 1 Minute rösten. Auf mittlere Hitze reduzieren, restlichen Zimt, Zucker und Pflanzenöl dazugeben und gut verrühren. Unter ständigem Rühren weiter rösten, bis der Zucker flüssig wird. Vom Herd nehmen und auf einen Teller geben. Gemeinsam mit dem Schachbrettkuchen servieren und zu jedem Bissen genießen.

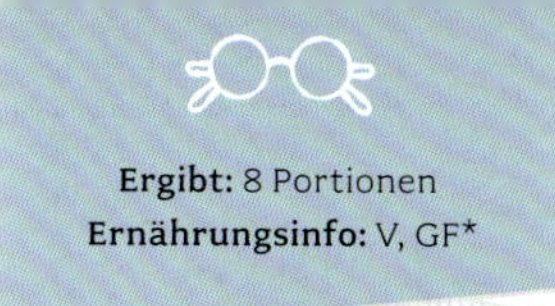

Ergibt: 8 Portionen
Ernährungsinfo: V, GF*

Karamell-
EISCREME-TORTE

Torten & Kuchen

Mit Karamelleis, Schlagsahne und Karamelltröpfchen wäre diese Torte wohl der Albtraum von Hermine Grangers Eltern, die ja bekanntlich Zahnärzte sind. Der Geschmack ist aber einfach magisch. Inspiriert vom Lieblingsgetränk in der Zauberwelt, dem Butterbier, lockt die Torte mit einem Boden aus Mürbeteigplätzchen und einem Topping, bei dem einem das Wasser im Mund zusammenläuft. Butterbier ist aus der Zauberwelt nicht wegzudenken. Miraphora Mina und Eduardo Lima entwarfen Flaschenetiketten verschiedener Epochen: für die Harry-Potter-Filme im Stil der 1990er-Jahre, für die Phantastische-Tierwesen-Filme im Stil der 1920er-Jahre in Großbritannien und der 1930er-Jahre in Bhutan.

> **„Hat jemand Lust auf ein Butterbier?“**
>
> Harry Potter,
> *Harry Potter und der Halbblutprinz*

ZUTATEN

90 g Shortbread-Brösel, von den Shortbread-Weihnachtsplätzchen (Seite 118)

4 EL gesalzene Butter, geschmolzen

2 EL Zucker

Karamelleis von Seite 127 oder 1 l gekaufte Eiscreme

60 g Karamelltröpfchen

125 g Sahne

Spezialausstattung
Sahnespender (siehe Tipp)

1. Shortbread-Brösel, geschmolzene Butter und Zucker auf dem Boden einer Tarteform (etwa 23 cm) gut vermengen. Mit den Händen oder einer anderen Tarteform die Mischung in einer gleichmäßigen Schicht auf dem Boden und an den Seitenwänden verteilen. 1 Stunde anfrieren lassen.
2. Während der Teig anfriert, Eiscreme im Kühlschrank weich werden lassen.
3. Etwa die Hälfte der Eiscreme auf dem gefrorenen Teigboden verteilen, mit der Hälfte der Karamelltröpfchen bestreuen und mit der restliche Eiscreme auffüllen. In Frischhaltefolie wickeln und mindestens 2 Stunden, maximal 2 Tage einfrieren. Die restlichen Karamelltröpfchen bis zur Verwendung in einem luftdicht verschließbaren Behälter aufbewahren.
4. Etwa 30 Minuten vor dem Servieren Sahne in den Sahnespender füllen. Torte aus dem Gefrierschrank nehmen, die Oberfläche mit Sahnerosetten dekorieren, jede Rosette mit Karamelltröpfchen bestreuen und die Torte bis zum Servieren kalt stellen.
5. Sollte der Tortenboden an der Platte kleben, diese 30 Sekunden in warmes Wasser tauchen.

Tipp | Wenn kein Sahnespender vorhanden ist, Sahne mit dem Handrührgerät in einer großen Schüssel steif schlagen, bis sich Spitzen bilden. Die geschlagene Sahne in eine Spritztüte mit großer Sterntülle füllen oder mit einem großen Löffel Kleckse statt Rosetten formen.

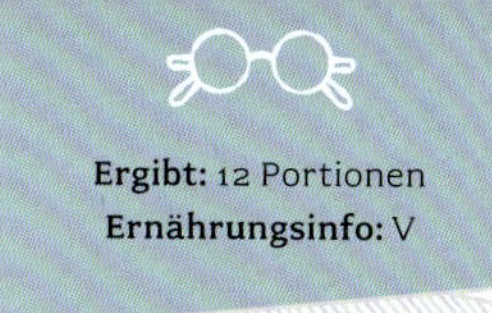

Ergibt: 12 Portionen
Ernährungsinfo: V

KERZENTORTE
à la Hogwarts

Wohin man blickt, ist die Große Halle in Hogwarts in warmes Licht getaucht. Ein lodernder Kamin, glühende Leuchter und frei schwebende Kerzen lassen den Raum bei jedem Fest in feierlichem Glanz erstrahlen. Die schwebenden Kerzen hingen zunächst tatsächlich an Drähten, rasch aber wurde klar, dass sie besser digital erstellt werden sollten. So konnten die Computerkünstler sie in unterschiedlichen Formen gestalten und in diversen Mustern wie Spiralen, Bögen, Stufen und Sternformen arrangieren. Für unsere Kerzentorte wird sicher jeder Feuer und Flamme sein, der sie sieht und probiert.

> **„Willkommen in Hogwarts. Schön, in wenigen Augenblicken lauft ihr durch diese Tür und setzt euch zu euren Klassenkameraden."**
>
> Minerva McGonagall,
> *Harry Potter und der Stein der Weisen*

ZUTATEN

Für die Masse
250 g Butter
375 g brauner Zucker
375 g Zucker
4 große Eier
1 EL Vanilleextrakt
180 g Kakaopulver
470 g Mehl
4 TL Backpulver
½ TL Salz
330 g saure Sahne
500 ml heißer Kaffee

Für die Füllung
240 g Pekannüsse, gehackt
2 TL Pflanzenöl
2 EL Zucker

Für die Glasur
6 Eiweiß
¼ TL Salz
440 g brauner Zucker
1 TL frisch gepresster Zitronensaft
750 g Butter, in Würfel geschnitten, plus mehr zum Befetten
2 TL Vanilleextrakt
185 g Milchschokotröpfchen

Für die Fertigstellung
3 Holzspieße
1 blanchierte Mandel

Spezialausstattung
3 Tortenformen (je 15 cm)
Küchenthermometer
2 Spritztüten
1 große runde Tülle (etwa 8 mm)
1 mittelgroße runde Tülle (etwa 4 mm)

Fortsetzung auf Seite 112

Fortsetzung von Seite 111

1. **Zubereitung der Masse:** Backofen auf 180 °C vorheizen. Die Böden der Tortenformen mit passend rund geschnittenem Backpapier auslegen.
2. Butter, braunen und weißen Zucker in der Schüssel einer Küchenmaschine mit dem Rührbesen bei hoher Stufe etwa 3 Minuten luftig aufschlagen. Eier und Vanilleextrakt zugeben und unterrühren. Kakaopulver zugeben und wiederum gut einarbeiten.
3. Mehl, Backpulver und Salz in einer kleinen Schüssel vermengen.
4. Die Hälfte der Mehlmischung zur Buttermischung geben und rühren, bis alles eingearbeitet ist. Die Masse an den Seiten der Schüssel nach unten schaben, die saure Sahne auf einmal zugeben und gut untermengen. Die restliche Mehlmischung zugeben, erneut rühren und die Masse an den Seiten nach unten schaben.
5. Bei laufender Küchenmaschine (niedrige Stufe) langsam den heißen Kaffee einträufeln. 2 bis 3 Minuten rühren, bis alles gut vermengt und der Teig glatt ist.
6. Masse gleichmäßig auf die drei vorbereiteten Tortenformen verteilen und 25 bis 30 Minuten backen, bis an einem Teststäbchen kein Teig mehr haften bleibt. 15 Minuten abkühlen lassen, danach auf ein Kuchengitter stürzen und das Backpapier abziehen. Komplett abkühlen lassen.
7. Von 2 der 3 Torten die Oberseite gerade abschneiden und jede Torte in 2 gleich dicke Teile schneiden. Tortenreste entfernen oder für eine spätere Verwendung beiseitenehmen. Die Teile in einem luftdicht verschließbaren Behälter zwischen Backpapier legen und anfrieren, während man Füllung und Glasur vorbereitet.
8. **Zubereitung der Füllung:** Eine mittelgroße Pfanne bei hoher Hitze 1 Minute erwärmen, Pekannüsse zugeben und 1 Minute unter ständigem Rühren rösten. Auf mittlere Hitze reduzieren, Öl und Zucker zugeben. Weiterrühren, bis sich der Großteil des Zuckers aufgelöst hat. Nüsse auf einen Teller geben und komplett abkühlen lassen.
9. **Zubereitung der Glasur:** Eiweiße und Salz in die Schüssel einer Küchenmaschine mit Schneebesen geben und bei mittlerer Stufe etwa 1 Minute schaumig schlagen, dann Zitronensaft zugeben und erneut 2 bis 3 Minuten schlagen, bis sich Spitzen bilden.
10. Eine hitzebeständige Schüssel mit Butter befetten und beiseitestellen. Braunen Zucker mit 250 ml Wasser in einem Topf mit schwerem Boden bei mittlerer Hitze zum Kochen bringen. Wenn die Zuckermischung 115 °C erreicht hat, in die Schüssel gießen.
11. Zuckersirup nach und nach zum Eischnee gießen und unterziehen. Ist der ganze Sirup zugefügt, die Mischung bei hoher Stufe 3 bis 5 Minuten aufschlagen, bis sie komplett abgekühlt ist (die Außenseite der Schüssel sollte sich kalt anfühlen).

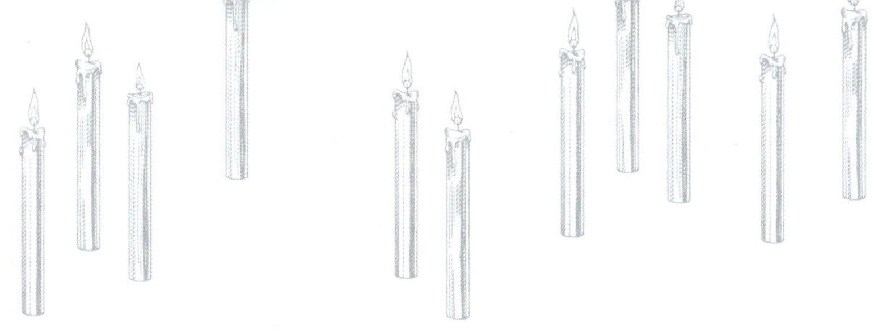

12. Butter stückchenweise zugeben und bei mittlerer Stufe einarbeiten. Danach Vanilleextrakt kurz bei hoher Stufe einarbeiten, bis die Masse glatt ist.
13. In einer mittelgroßen für die Mikrowelle geeigneten Schüssel die Schokotröpfchen 1 Minute erhitzen und 5 Minuten ruhen lassen. Glatt rühren, 1 bis 2 Minuten abkühlen lassen und dann unter 750 g der Buttercreme rühren.
14. **Fertigstellung:** Auf einen Tortenständer oder Servierteller etwas Schokobuttercreme streichen und den ersten Tortenteil daraufsetzen. 125 g der Schokobuttercreme darauf verteilen und mit einem Spatel glatt streichen. Etwa ein Fünftel der Nussmischung darauf verteilen. Diese Schritte mit den 4 nächsten Tortenteilen wiederholen und als Abschluss den sechsten, oben nicht abgeschnittenen Tortenteil auflegen. Mit der restlichen Schokobuttercreme die Ränder versiegeln. 3 Spieße gleichmäßig verteilt durch die ganze Torte stecken, den hervorstehenden Teil abschneiden. So bleibt die sehr hohe Torte stabil. 30 Minuten kalt stellen.
15. Torte aus dem Kühlschrank nehmen und mit einem Gummispatel die Buttercreme überall verteilen. Seiten glatt streichen und oben in der Mitte eine Mulde bilden, indem man die Creme nach außen streicht. Etwa 250 g der Buttercreme in eine Spritztüte mit einer großen runden Tülle füllen und den „geschmolzenen" Rand der Kerze aufspritzen. Mit einem Gummispatel zu Wachs formen. Torte weitere 30 Minuten kalt stellen.
16. Vorsichtig etwa 250 g der Buttercreme 5 bis 10 Sekunden in der Mikrowelle erwärmen und danach in eine Spritztüte mit einer mittelgroßen runden Tülle füllen. Torte aus dem Kühlschrank nehmen und „Wachstropfen" aufspritzen. Die kalte Torte lässt die Tropfen hart werden, während sie herunterrinnen. So erhält man den Kerzeneffekt.
17. Bis 1 Stunde vor dem Servieren kalt stellen, dann aus dem Kühlschrank nehmen und auf Raumtemperatur kommen lassen. Die blanchierte Mandel als Docht in die Mitte der Torte stecken. Die Mandel oben kurz anzünden, wenn gewünscht. Die beste Art, diese besonders hohe Torte zu zerteilen, ist, von oben bis zur Hälfte durchzuschneiden und dann von den Seiten aus einzuschneiden, sodass man Stücke mit jeweils drei Schichten erhält. Sobald die oberen drei Schichten serviert wurden, kann man den unteren Teil wie gewohnt aufschneiden.

I'm sorry Neville
I'm sorry Neville
I'm sorry Neville

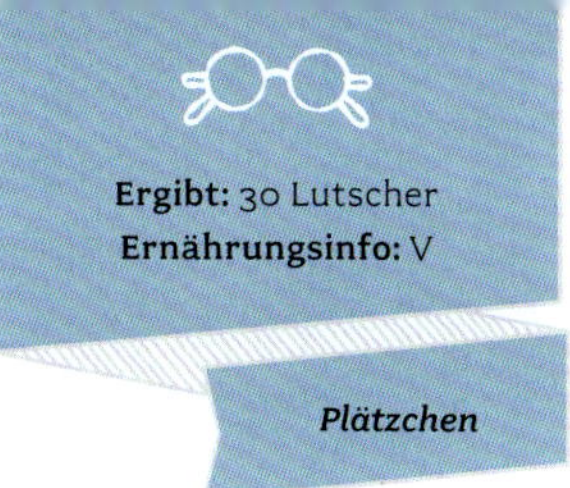

Ergibt: 30 Lutscher
Ernährungsinfo: V

Plätzchen

„Tut mir leid, Neville"-
PLÄTZCHENLUTSCHER

In *Harry Potter und der Gefangene von Askaban* gelangt Harry mithilfe seines Tarnumhangs und der Karte des Rumtreibers in den Süßwarenladen *Honigtopf* in Hogsmeade. Auf seinem Weg durch den Laden klaut er Neville Longbottom einen großen roten Lutscher. Diese Version hier ist ein Schokoladenplätzchen mit einem Pfefferminzbonbon in der Mitte, das wie buntes Glas schimmert. Als Entschuldigung für Harrys unrühmliche Tat wird mit Zuckerguss ein „Tut mir leid, Neville" auf den Rand aufgespritzt.

> **„Mann, wieso immer ich?"**
>
> Neville Longbottom,
> *Harry Potter und die Kammer des Schreckens*

Fortsetzung auf Seite 116

Fortsetzung von Seite 115

ZUTATEN

6 EL gesalzene Butter, weich

60 g Frischkäse, zimmerwarm

125 g Zucker

20 g Kakaopulver

1 Ei

½ TL Pfefferminzextrakt

235 g Mehl

30 Pfefferminzbonbons

250 g Glasur von den Freundschaftsplätzchen (Seite 122)

Spezialausstattung
runde Keksausstecher (1,5 cm und 7,5 cm Durchmesser), mit gewelltem Rand

30 Lollipop-Stäbchen

Spritztüten und Tüllen

1. Zwei Backbleche mit einer Silikonbackmatte oder Backpapier auslegen.
2. Butter, Frischkäse und Zucker in der Schüssel einer Küchenmaschine mit dem Rührbesen etwa 3 Minuten luftig leicht aufschlagen. Masse an den Seiten der Schüssel nach unten schaben, Kakaopulver zugeben und erneut rühren, dann Ei und Pfefferminzextrakt untermengen.
3. Mehl nach und nach zugeben und bei niedriger Stufe einarbeiten. Teig herausnehmen, zu einer Kugel formen, in Frischhaltefolie einschlagen und mindestens 1 Stunde kalt stellen.
4. Auf einer leicht bemehlten Arbeitsfläche Teig 3 mm dick ausrollen und so viele 7,5 cm große Kreise wie möglich ausstechen. Mit genügend Abstand auf das Backblech legen, sodass noch Platz für die Lollipop-Stäbchen bleibt. Mit dem kleinen Keksausstecher die Mitte jedes Kreises herausstechen. Man kann die Teigreste für mehr Lollipops verkneten oder als kleine zusätzliche Plätzchen backen.
5. Je ein Pfefferminzbonbon in die Mitte der Plätzchen legen. Jedes Plätzchen vorsichtig anheben und ein Lollipop-Stäbchen unter den Teig bis zum Beginn des Lochs in der Mitte schieben. Teig vorsichtig gegen das Stäbchen drücken.
6. Plätzchen 10 Minuten in den Kühlschrank stellen. In der Zwischenzeit Backofen auf 180 °C vorheizen. Plätzchen 9 bis 11 Minuten backen, bis sie fest sind und die geschmolzenen Bonbons das Loch in der Mitte ausfüllen.
7. Auf dem Blech komplett abkühlen lassen. Danach kann man die Plätzchen in einem luftdicht verschließbaren Behälter zwischen Backpapierlagen bis zu 5 Tage aufbewahren oder sie als Geschenk in Zellophantüten verpacken.
8. Wenn man die Plätzchen dekorieren will, die Eiweißglasur in einen Spritzbeutel mit einer runden Tülle füllen und rund um die Mitte „Tut mir leid, Neville“ schreiben. Glasur mindestens 1 Stunde vor dem Verpacken trocknen lassen. Die kleinen zusätzlichen Plätzchen kann man mit verschiedenen Schneeflocken verzieren.

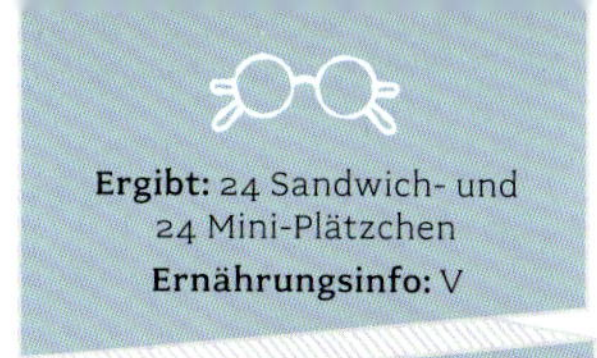

Ergibt: 24 Sandwich- und 24 Mini-Plätzchen
Ernährungsinfo: V

Plätzchen

Gemeinschaftsraum-SANDWICHPLÄTZCHEN

Bei Harrys erstem Weihnachtsfest steht im Gemeinschaftsraum ein kleiner Tannenbaum in einem Topf neben dem knisternden Kamin. Er ist entsprechend den Farben des Hauses mit goldenen Miniatur-Knallbonbons, Laternen und rot umwickelten Geschenken geschmückt. Der Slytherin-Gemeinschaftsraum hingegen ist nicht weihnachtlich dekoriert – wäre er es doch, dann wohl in Silber und Grün. Unsere „Doppeldecker"-Plätzchen, die oben ein „Fenster" haben, werden aus dem Teig von Seite 122 hergestellt. Sie können in den Farben jedes Hogwarts-Hauses dekoriert werden, z. B. Gelb und Schwarz für Hufflepuff oder Blau und Silber für Ravenclaw. Bei Rot und Grün kommt natürlich sofort Weihnachtsstimmung auf!

> **„Die Schlafsäle der Jungen findet ihr oben und unten links von hier. Die Schlafsäle der Mädchen rechts."**
>
> Percy Weasley,
> *Harry Potter und der Stein der Weisen*

Tipp | Für einen Schnelltest der Konfitüre: Einen kleinen Teller in den Gefrierschrank stellen. Nachdem die Konfitüre 15 Minuten gekocht hat, Teller aus dem Gefrierschrank nehmen, etwa 1 EL Konfitüre daraufgeben. Wenn man den Teller neigt, sollte die Konfitüre nur langsam oder kaum fließen. Wenn sie schnell fließt, Teller zurück in den Gefrierschrank stellen, Konfitüre weitere 5 Minuten kochen und nochmals überprüfen.

ZUTATEN

Für die Plätzchen
Teig von den Freundschaftsplätzchen, kalt (Seite 122)

etwa 60 g Streuzucker, in verschiedenen Farben

1 Glas selbst gemachte oder gekaufte Konfitüre

Für die Konfitüre
500 g Himbeeren, zerdrückt

625 g Zucker

Saft von 1 Zitrone

Spezialausstattung
4 saubere Konfitüregläser (à 250 g) mit Deckel

Keksausstecher mit gewelltem Rand in verschiedenen Formen (7,5 cm und 3,5 cm)

1. **Zubereitung der Plätzchen:** Backofen auf 190 °C vorheizen. 2 Backbleche mit Silikonbackmatten oder Backpapier auslegen.
2. Auf einer bemehlten Arbeitsfläche eine Hälfte des Teigs 3 mm dick ausrollen. Mit dem großen Ausstecher 48 große Kreise aus dem Teig stechen. Bei 24 Kreisen mit dem kleinen Ausstecher ein „Fenster" aus der Mitte stechen. Die kleinen Kreise mit der Messerspitze herausheben und mit den anderen ausgestochenen Teilen auf ein Backblech setzen. Die „Fensterrahmen" und die kleinen Plätzchen mit Streuzucker bestreuen und diesen leicht in den Teig drücken.
3. Mindestens 10 Minuten kalt stellen, danach 9 bis 11 Minuten backen. Mit der zweiten Teighälfte gleich verfahren.
4. **Zubereitung der Konfitüre:** Wenn gewünscht, Himbeeren durch die Flotte Lotte oder ein Sieb passieren, um die Samen zu entfernen.
5. Früchte in einem großen Topf mit Zucker und Zitronensaft vermischen. Zum Kochen bringen. Hitze reduzieren und unter häufigem Rühren 15 bis 20 Minuten köcheln lassen, bis die Masse zu gelieren beginnt (siehe Tipp).
6. Mischung vom Herd nehmen, in saubere Gläser füllen und mit Deckel verschließen. Etwa 30 Minuten abkühlen lassen, danach bis zum Servieren kalt stellen. Die Konfitüre hält im Kühlschrank 1 Monat, im Tiefkühler 6 Monate. Sie eignet sich auch gut als Geschenk – mit Etikett inklusive Datum und Haltbarkeitsangabe: „Gekühlt bis zu 1 Monat haltbar."
7. Zum Servieren ½ TL Konfitüre auf die großen Plätzchen streichen und mit dem passenden „Fensterrahmen" bedecken. Sofort servieren oder in einem luftdicht verschließbaren Behälter zwischen Backpapierlagen bis zu 5 Tage aufbewahren.

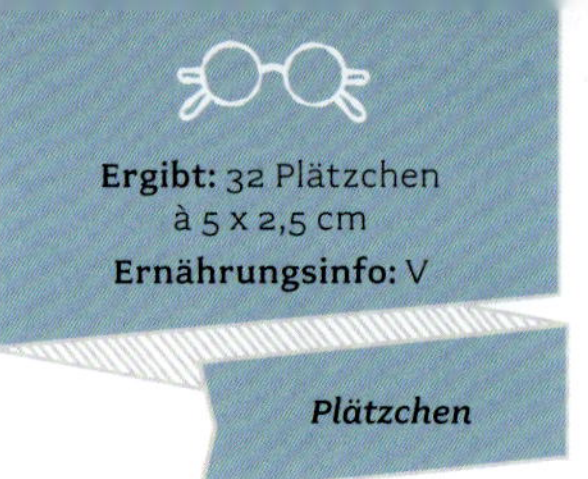

Ergibt: 32 Plätzchen à 5 x 2,5 cm
Ernährungsinfo: V

Plätzchen

Shortbread-
WEIHNACHTSPLÄTZCHEN

Shortbread ist ein traditionelles schottisches Gebäck, um das man an Weihnachten nicht herumkommt. Die knusprigen Plätzchen mit dem Spitznamen Shortie sollen einst das Lieblingsgebäck der schottischen Königin Maria Stuart gewesen sein. In den Büchern wird zwar nie ausdrücklich erwähnt, dass Hogwarts in Schottland liegt, aber Szenenbildner Stuart Craig fand, dass die Highlands mit ihren glitzernden Seen und schroffen Bergen wie gemacht für die Szenerie der Filme war.

> **„Ich hoffe, es gibt Pudding."**
>
> Luna Lovegood,
> *Harry Potter und der Orden des Phönix*

ZUTATEN

10 EL Butter
½ TL Meersalz
30 g Puderzucker
1½ EL Zucker
235 g Mehl

Spezialausstattung
Backform (etwa 20 x 20 cm)

1. Eine Schüssel mit Eiswasser vorbereiten, die groß genug ist, eine mittelgroße hitzebeständige Schüssel zu fassen. Backform mit Backpapier auslegen, das an den Kanten übersteht.
2. Butter in einem kleinen Topf bei niedriger Hitze rühren, bis sie schmilzt. 15 bis 20 Minuten köcheln lassen, bis sich die Molke vom Fett trennt, bernsteinfarben wird und stark nussig duftet. Butter in eine hitzebeständige Schüssel geben und diese ins Eisbad setzen. Unter gelegentlichem Rühren etwa 20 Minuten abkühlen lassen, bis sie die Konsistenz weicher Butter erreicht hat.
3. Backofen auf 150 °C vorheizen.
4. Die Butter mit Salz, Puderzucker und 1 EL Zucker verrühren. Mit einem Handrührgerät bei mittlerer Stufe 1 bis 2 Minuten leicht und luftig aufschlagen.
5. Mehl nach und nach über die Buttermischung sieben und gut verrühren. Danach den Teig in einer gleichmäßigen Schicht in die Backform drücken und mit einer Gabel einstechen.
6. 40 bis 45 Minuten blass goldbraun mit etwas dunkleren Rändern backen. Abkühlen lassen, bis die Masse handwarm ist, und mit einem scharfen Messer riegelförmige Linien in die Oberfläche ritzen. Mit dem restlichen ½ EL Zucker bestreuen und komplett abkühlen lassen.
7. Das Shortbread, sobald es komplett abgekühlt ist, mit dem Backpapier aus der Form heben und entlang der eingeritzten Linien vollständig durchschneiden. Die Riegel in einem luftdicht verschließbaren Behälter bis zu 1 Woche aufbewahren.

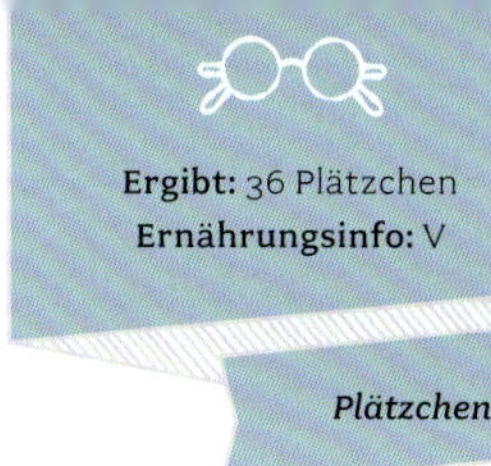

Ergibt: 36 Plätzchen
Ernährungsinfo: V

Freundschafts-

PLÄTZCHEN

Freundschaft wird in Hogwarts großgeschrieben. Das beste Beispiel ist sicher das „Goldene Trio", bestehend aus Harry Potter, Hermine Granger und Ron Weasley. Wie die Figuren verstanden sich auch ihre Darsteller blendend. Daniel Radcliffe (Harry Potter) zufolge liegt das daran, dass sie wie ihre Rollen waren: Rupert Grint so lustig wie Ron, Emma Watson so klug wie Hermine, und er selbst so ein „Mittelding", so stellte er sich auch Harry vor. Diese Plätzchen sind eine süße Hommage an die unerschrockenen Helden, die gemeinsam durch dick und dünn gehen.

„Du liebes bisschen! Du bist Harry Potter. Ich bin Hermine Granger. Ach, äh, und du heißt?"

„Ich bin Ron Weasley."

„Sehr erfreut."

Hermine Granger und Ron Weasley,
Harry Potter und der Stein der Weisen

Fortsetzung auf Seite 122

Fortsetzung von Seite 121

ZUTATEN

Für den Teig
185 g gesalzene Butter, weich

125 g Frischkäse, zimmerwarm

185 g brauner Zucker

1 Ei

1 TL Vanilleextrakt

470 g Mehl

Für die Glasur
500 g Puderzucker, gesiebt

3 EL Meringue-Backmischung

je 1 bis 2 Tropfen schwarze, grüne, blaue, braune und orange Lebensmittelfarbe

Spezialausstattung
1 Keksausstecher (6,5 bis 7,5 cm Durchmesser)

Spritzbeutel mit runder Tülle

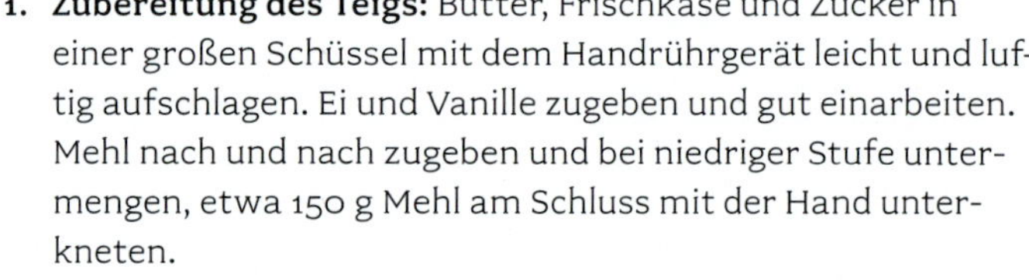

1. **Zubereitung des Teigs:** Butter, Frischkäse und Zucker in einer großen Schüssel mit dem Handrührgerät leicht und luftig aufschlagen. Ei und Vanille zugeben und gut einarbeiten. Mehl nach und nach zugeben und bei niedriger Stufe untermengen, etwa 150 g Mehl am Schluss mit der Hand unterkneten.
2. Teig halbieren, Kugeln formen, in Frischhaltefolie wickeln und mindestens 1 Stunde kalt stellen. Gegen Ende der Kühlzeit Backofen auf 190 °C vorheizen.
3. Die kalten Teigkugeln nacheinander auf einer leicht bemehlten Arbeitsfläche 3 mm dick ausrollen und so viele Kreise wie möglich ausstechen. Diese auf ein Backblech legen. Die Teigreste verkneten, in Frischhaltefolie geben und gemeinsam mit den ausgestochenen Kreisen kalt stellen. Währenddessen die zweite Teighälfte bearbeiten.
4. Mit der zweiten Teighälfte und den Teigresten Schritt 3 wie beschrieben wiederholen und darauf achten, dass die Teigkreise vor dem Backen mindestens 10 Minuten kalt gestellt werden. 9 bis 11 Minuten backen, bis die Ränder leicht bräunen. Auf einem Kuchengitter abkühlen lassen.
5. **Zubereitung der Glasur:** Puderzucker, Meringue-Backmischung und 6 EL Wasser in der Schüssel einer Küchenmaschine mit dem Schneebesen bei niedriger Stufe 7 bis 10 Minuten aufschlagen, bis die Glasur steife Spitzen bildet. (Bei Verwendung eines Handrührgeräts bei hoher Stufe 10 bis 12 Minuten aufschlagen.)
6. Glasur auf 5 kleine Schüsseln verteilen und mit den Lebensmittelfarben verrühren, um die gewünschte Farbe zu erhalten. Dann in einen Spritzbeutel mit runder Tülle füllen.
7. Mit dem Spritzbeutel das Gesicht eines Harry-Potter-Charakters auf das Plätzchen zeichnen – zuerst die Haare, dann Augen, Mund und so weiter. Neben dem Goldenen Trio bieten sich auch andere Motive aus der Zauberwelt an, zum Beispiel Hedwigs Gesicht, Nevilles Kröte Trevor oder ein Erinnermich!
8. Die fertigen Plätzchen mindestens 3 Stunden trocknen lassen. Dann servieren oder in einem luftdicht verschließbaren Behälter zwischen Backpapierlagen aufbewahren. Zum Verschenken in Zellophantüten verpacken.

Professor Trelawneys

POTS DE CRÈME

Pot de crème, eine cremige Süßspeise, die in einer Porzellantasse gebacken wird, wurde im 17. Jahrhundert populär. Diese mit Tee verfeinerte Variante ist von den unzähligen Teetassen inspiriert, die in Professor Trelawneys Klassenzimmer für Wahrsagen herumstehen und zum Einsatz kommen. Die Lehrerin meint nämlich, durch das Lesen von Teeblättern die Zukunft voraussagen zu können (obwohl sie immer nur Negatives zu sehen scheint!). In den Filmen waren über 500 Teetassen im Raum verteilt, viele davon zu Pyramiden gestapelt.

> **„Du musst in die Tasse blicken. Sag mir, was du siehst."**
>
> Sybill Trelawney,
> Harry Potter und der Gefangene von Askaban

Tipp | Keine Teetassen mit Gold- und Silberdekor verwenden, denn das ist besonders empfindlich und könnte im Wasserbad beschädigt werden.

ZUTATEN

125 g Zucker

6 Eigelb

375 ml Vollmilch

125 g Kaffeesahne

1 TL Vanilleextrakt

2 TL Brandy, optional

3 Beutel English Breakfast Tea (oder 1 EL lose Teeblätter)

Spezialausstattung

6 Auflaufförmchen (à 125 ml) oder Teetassen (siehe Tipp)

mit einem Geschirrtuch ausgelegte Backform aus Glas (so groß, dass 6 Auflaufförmchen oder Teetassen Platz darin haben)

1. Backofen auf 165 °C vorheizen.
2. Zucker und Eigelbe in einer mittelgroßen Schüssel schaumig schlagen.
3. Milch und Kaffeesahne mit Vanille (und Brandy, wenn gewünscht) in einen kleinen Topf geben, Teebeutel öffnen, den Inhalt zugeben und die Mischung bei mittlerer Hitze unter ständigem Rühren zum Köcheln bringen.
4. Vom Herd nehmen und nach und nach die Milchmischung in die Eimischung einarbeiten (jeweils etwa 60 ml). Danach die gesamte Mischung durch ein Sieb in einen hitzebeständigen Messbecher mit Schnabel gießen. Schaum mit einem kleinen Löffel abschöpfen.
5. Die Mischung gleichmäßig auf 6 Förmchen oder Tassen verteilen und gut mit Aluminiumfolie abdecken. Förmchen oder Tassen in die Backform auf das Geschirrtuch setzen. Backform in den Ofen geben und mit heißem Wasser so hoch auffüllen, dass die Förmchen bis zur Mitte im Wasser stehen. 45 bis 50 Minuten backen, bis die Masse fest wird, aber in der Mitte noch ein wenig nachgibt.
6. Mit einem trockenen Geschirrtuch oder einer Küchenzange die Förmchen aus dem Wasserbad nehmen, auf ein Kuchengitter stellen und 30 Minuten abkühlen lassen. Vor dem Servieren mindestens 2 Stunden kalt stellen. Man kann die Pots de crème bis zu 3 Tage im Voraus zubereiten und zugedeckt im Kühlschrank aufbewahren.

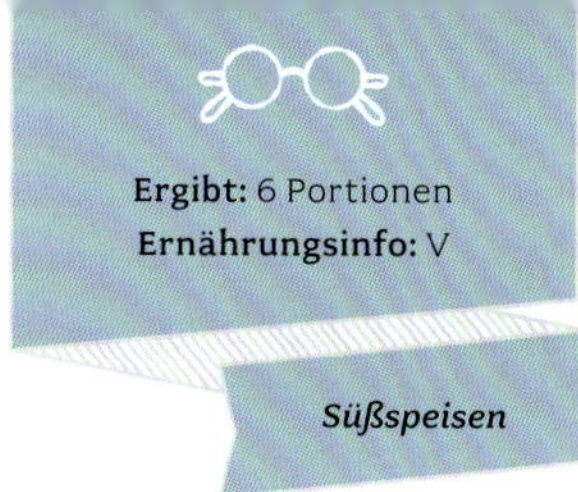

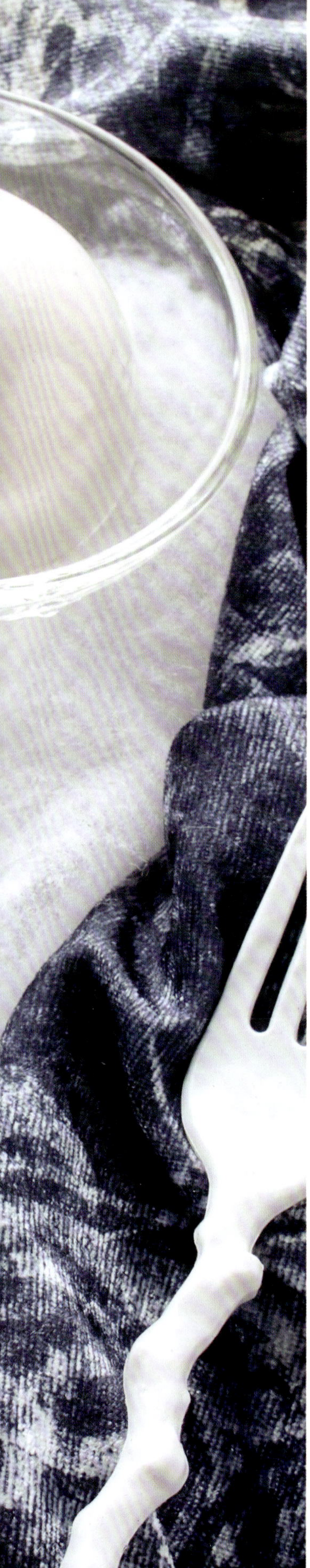

Magische Hogsmeade-
SCHNEEBÄLLE

Um in *Harry Potter und der Gefangene von Askaban* nach Hogsmeade zu gelangen, benutzt Harry seinen Tarnumhang. Als Hermine und Ron von Draco und seinen Freunden schikaniert werden, bewirft der unsichtbare Harry die Übeltäter mit Schneebällen, die scheinbar aus dem Nichts kommen. Zu Tode erschrocken sucht das Slytherin-Trio das Weite. Der Tarnumhang von Daniel Radcliffe bestand auf einer Seite aus grünem Greenscreen-Material, das er sich überstülpte, um zu verschwinden oder wieder aufzutauchen. In diesen weißen Schokoladenschneebällen verbirgt sich ein Brownie, der zum Vorschein kommt, wenn man heiße Schokoladensauce über die weiße Schicht gießt.

> **„Wer ist da?“**
>
> Draco Malfoy,
> *Harry Potter und der Gefangene von Askaban*

Fortsetzung auf Seite 126

Fortsetzung von Seite 125

ZUTATEN

Für die Brownies
60 g weiße Schokolade
6 EL gesalzene Butter
60 g brauner Zucker
½ TL Vanilleextrakt
2 Eier
75 g Mehl
130 g zartbittere Schokotröpfchen

Für die Schneebälle
185 g weiße Schokolade
weißer Glanzstaub, optional

Für die Ganache
310 g Schlagsahne
¼ TL Zimt
⅛ TL Cayennepfeffer

Spezialausstattung
Silikonform mit 6 Halbkugelvertiefungen à 7,5 cm

1. **Zubereitung der Brownies:** Backofen auf 180 °C vorheizen und die Silikonform auf ein Backblech setzen.
2. In der Mikrowelle in einer geeigneten Schüssel 60 g weiße Schokolade und Butter 1 Minute erwärmen und dann umrühren, bis Butter und Schokolade komplett geschmolzen sind. Zucker zugeben und vermengen. Vanille und Eier zugeben und kräftig unterrühren. Mehl einarbeiten, dann 90 g Schokotröpfchen untermengen.
3. Teig auf die 6 Vertiefungen verteilen, 15 bis 20 Minuten goldbraun backen, bis an einem Teststäbchen kein Teig mehr haften bleibt. 10 Minuten abkühlen lassen, dann auf ein Kuchengitter stürzen und komplett abkühlen lassen.
4. **Zubereitung der Schneebälle:** Weiße Schokolade im Wasserbad oder in der Mikrowelle in einer geeigneten Schüssel schmelzen. Dieselbe Silikonform verwenden (gereinigt und gut abgetrocknet) und, wenn gewünscht, mit einem Pinsel die 6 Vertiefungen mit Glanzstaub bestäuben. Mit demselben Pinsel die Vertiefungen mit einer dünnen Schicht Schokolade bepinseln, dabei darauf achten, keine Stellen leer zu lassen und bis zum Rand zu pinseln. Form 10 Minuten kalt stellen.
5. **Zubereitung der Ganache:** In der Mikrowelle in einer geeigneten Schüssel Sahne und die restlichen Schokotröpfchen 1 Minute erwärmen und 5 Minuten ruhen lassen. Danach glatt rühren und Zimt und Cayennepfeffer untermengen. Beiseitestellen.
6. **Fertigstellung:** Vorsichtig die Schokoladehüllen aus den Formen lösen. 1 Backblech mit Backpapier auslegen. Einen kleinen Teller in der Mikrowelle 30 Sekunden erwärmen und die Ränder der Schokohalbkugeln glätten, indem man sie auf dem heißen Teller dreht. Zum Abkühlen auf das Backpapier setzen.
7. Vor dem Servieren je einen Brownie auf einen Dessertteller legen und mit der Schokohalbkugel abdecken. Ganache erneut 1 bis 1½ Minuten in der Mikrowelle erwärmen und für jeden Gast einen kleinen Krug oder ein kleines Glas Ganache bereitstellen, sodass sich jeder ein wenig davon über den „Schneeball“ gießen kann, um ihn zu schmelzen.

Ergibt: 1 Liter
Ernährungsinfo: GF, V

Süßspeisen

Karamell-EISCREME

Dieses Karamelleis, eine Hommage an das Butterbier, lässt das Herz jeder Naschkatze höherschlagen. Eiscreme erfreut sich in der Zauberwelt großer Beliebtheit: Für das Empfangsfest zum Trimagischen Turnier, bei dem es nur Süßes gab, wurden achtzig Türme mit nicht schmelzendem „Eis" gefertigt. Es war völlig ungenießbar und bestand aus einer Kombination aus Kunstharz und winzigen Glasperlen, die für magisches Glitzern und eine glaubwürdige Konsistenz sorgten. Unsere Variante kann zwar in Sachen Haltbarkeit nicht mit dem magischen Eis mithalten, ist aber so köstlich, dass sie bestimmt schon längst verputzt ist, bevor sie zu schmelzen beginnt.

> **„Drei Butterbier. Meins mit etwas Ingwer, bitte."**
>
> Hermine Granger,
> *Harry Potter und der Halbblutprinz*

ZUTATEN

1 Dose gesüßte Kondensmilch (430 ml)

105 g brauner Zucker

1 EL Scotch Whisky oder Whiskyaroma

2 TL Vanilleextrakt

625 g Schlagsahne

1. Kondensmilch, braunen Zucker, Whisky und Vanille in einem mittelgroßen Topf verrühren und bei mittlerer Hitze zum Kochen bringen. 5 bis 8 Minuten kochen lassen, bis die Mischung beträchtlich dunkler wird und eindickt.
2. Vom Herd nehmen und in die Schüssel einer Küchenmaschine mit Schneebesen geben. Bei mittlerer Stufe aufschlagen, bis sich die Seitenwände der Schüssel ganz kühl anfühlen; das kann bis zu 15 Minuten dauern.
3. Sahne portionsweise (à 250 g) zugeben und bei niedriger Stufe in die Karamellmischung einarbeiten. Nach Zugabe der gesamten Sahne bei höchster Stufe schlagen, bis sich Spitzen bilden. Zwischendurch häufig das Gerät stoppen, um die Masse an den Seitenwänden nach unten zu schaben. Creme in einen luftdicht verschließbaren Behälter geben und mindestens 6 Stunden oder über Nacht gefrieren lassen.

Ergibt: 6 Portionen
Ernährungsinfo: V

Süßspeisen

Professor Flitwicks weihnachtlicher FEIGENPUDDING

Bei Feigenpudding handelt es sich um einen dampfgegarten Kuchen, der so gar nichts mit der cremigen Süßspeise gemein hat, die bei uns als Pudding bekannt ist. Für Briten bedeutet „Pudding" so viel wie „Dessert", wenn auch nicht alle Desserts Puddings sind! Feigenpudding ist ein fester Bestandteil der britischen Festtafel und wurde sogar im traditionellen Weihnachtslied „We wish you a merry Christmas" verewigt. Als Lehrer für Zauberkunst ist Filius Flitwick ein Meister des Zaubers *Wingardium Leviosa*. In *Harry Potter und der Stein der Weisen* nutzt er den Schwebezauber, um den Weihnachtsschmuck an die Bäume in der Großen Halle schweben zu lassen. Bei unserem Feigenpudding werden die Früchte mit etwas Mehl vermischt, damit sie nicht zu Boden sinken, sondern gleichmäßig verteilt im Teig „schweben" — das ist die Magie des Backens.

ZUTATEN

250 g getrocknete Feigen
235 g Mehl
1 TL Backpulver
2 TL Zimt
2 TL Ingwerpulver
½ TL Cayennepfeffer
½ TL Salz
90 g Rosinen
125 g Butter, plus mehr zum Befetten
220 g brauner Zucker
3 Eier
2 TL Vanilleextrakt
Schlagsahne oder Eiscreme zum Servieren, optional

Spezialausstattung
6 Auflaufförmchen (à 125 ml)

> **„Wie erfreulich! Seht alle mal her, Miss Granger hat es geschafft. Hervorragend!"**
>
> Filius Flitwick,
> *Harry Potter und der Stein der Weisen*

1. Feigen in einer mittelgroßen hitzebeständigen Schüssel mit kochendem Wasser übergießen und 15 Minuten stehen lassen.
2. Mehl, Backpulver, Zimt, Ingwer, Cayennepfeffer und Salz in einer kleinen Schüssel verrühren. Beiseitestellen.
3. Feigen über einer Schüssel abgießen und die Flüssigkeit aufbewahren. 6 Feigen halbieren und die restlichen Feigen grob hacken. Gehackte Feigen, Rosinen und etwa 50 g der Mehlmischung vermengen. Beiseitestellen.
4. Backofen auf 190 °C vorheizen. Förmchen befetten und in eine etwa 23 x 33 cm große Auflaufform setzen.
5. Butter und Zucker in der Schüssel einer Küchenmaschine mit dem Rührbesen 2 Minuten luftig aufschlagen. Eier nacheinander unterrühren. Vanille zugeben und einarbeiten.
6. Die Hälfte der restlichen Mehlmischung bei niedriger Stufe einarbeiten, danach die Masse von den Seitenwänden nach unten schaben. Die beiseitegestellte Flüssigkeit der Feigen zugießen und einarbeiten, danach die restliche Mehlmischung untermengen. Zum Schluss die Masse an den Seiten nach unten schaben und die Früchte hineinrühren.
7. Jeweils 2 Feigenhälften mit der Schnittseite nach unten in ein Förmchen legen. (Sie sind später an den Oberseiten zu sehen, wenn die Puddings aus den Formen gestürzt werden.) Die 6 Förmchen etwa bis zur Hälfte mit der Teigmasse füllen.
8. Alle Förmchen in die Auflaufform setzen. Die Form mit so viel heißem Wasser füllen, dass der Wasserspiegel etwa die Mitte der Förmchen erreicht, und mit Aluminiumfolie abdecken. Vorsichtig in den Ofen schieben, 35 bis 40 Minuten backen und setzen lassen. Aus dem Ofen nehmen und die Förmchen auf ein Ofengitter setzen. Warm in der Form servieren. Oder mit einer Messerspitze die Puddings vom Rand lösen, mit einem Teller abdecken und stürzen. Wenn gewünscht, mit Schlagsahne oder Eiscreme servieren.

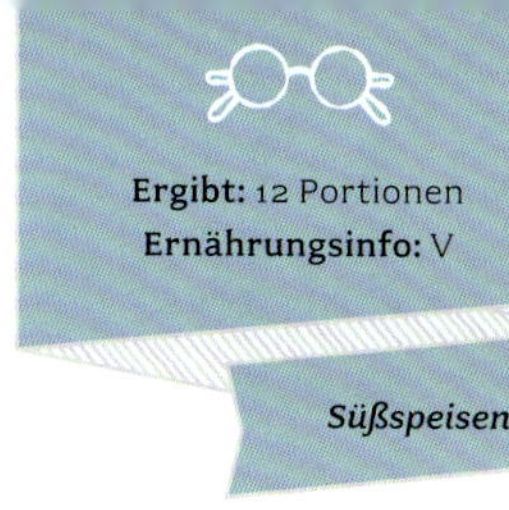

Ergibt: 12 Portionen
Ernährungsinfo: V

Süßspeisen

Trimagisches
TRIFLE

Trifle, ein Schichtdessert aus Früchten, Kuchen, Creme und Schlagsahne, entstand der Überlieferung nach im England des 18. Jahrhunderts. Somit gibt es die Speise noch nicht so lange wie das siebenhundert Jahre alte Trimagische Turnier. Die Zutaten für dieses Trifle sind von den drei konkurrierenden Schulen inspiriert: Hogwarts (Biskuit), Beauxbatons (Creme) und Durmstrang (Preiselbeersirup). Als Cedric Diggory und Harry Potter, die Champions von Hogwarts, in *Harry Potter und der Feuerkelch* nach dem Trimagischen Pokal greifen, sorgt eine Lampe im Inneren des Pokals dafür, dass er leuchtet. Dagegen bringt der Genuss des Trimagischen Trifles auch so jeden zum Strahlen.

> **„Nie endender Ruhm winkt dem Schüler, der das Trimagische Turnier gewinnt."**
>
> Albus Dumbledore,
> *Harry Potter und der Feuerkelch*

Fortsetzung auf Seite 132

Fortsetzung von Seite 131

ZUTATEN

Für die Creme
125 g Zucker
3 EL Mehl
3 EL Maisstärke
6 Eigelb
500 ml Vollmilch
¾ TL Mandelextrakt
1½ TL Vanilleextrakt

Für den Kuchen
3 Eier
250 ml Vollmilch
1 EL Vanilleextrakt
355 g Mehl
315 g Zucker
4 TL Backpulver
½ TL grobes Salz
185 g Butter, weich

Für den Preiselbeersirup
250 ml Preiselbeerkompott
250 ml Wasser
60 ml Orangenlikör oder Orangensaft

Für die Fertigstellung
300 g frische Himbeeren, abgespült und abgetrocknet, plus mehr zum Garnieren
2 EL Puderzucker
400 g Schlagsahne

Spezialausstattung
2 Tortenformen (à 15 cm)

1. **Zubereitung der Creme:** Zucker, Mehl, Maisstärke und Eigelbe in einer mittelgroßen Schüssel mit dem Handrührgerät schaumig schlagen.
2. Milch in einem mittelgroßen Edelstahltopf zum Köcheln bringen.
3. Milch vom Herd nehmen, etwa ein Drittel davon in die Eimischung gießen und umrühren. Milch-Ei-Mischung zurück in den Topf mit der restlichen Milch gießen und bei niedriger Hitze köcheln, dabei ständig rühren und darauf achten, dass sich nichts am Boden oder an den Seiten anlegt. Sobald die Creme einzudicken beginnt, Mandel- und Vanilleextrakt einrühren und 1 Minute weiterköcheln lassen.
4. Vom Herd nehmen und in eine saubere Schüssel oder einen luftdicht verschließbaren Behälter geben. Ein Stück Backpapier auf die Oberfläche drücken, um zu vermeiden, dass sich auf der Creme eine Haut bildet. 10 bis 15 Minuten abkühlen lassen. Backpapier auf der Creme lassen, Behälter mit einem Deckel oder Frischhaltefolie zudecken und mindestens 1 Stunde oder bis zu 2 Tage in den Kühlschrank stellen.
5. **Zubereitung des Kuchens:** Die Böden der zwei Tortenformen befetten und bemehlen oder mit rund zugeschnittenem Backpapier auslegen. Backofen auf 180 °C vorheizen.
6. Eier in einer mittelgroßen Schüssel verquirlen. Milch und Vanille zugeben und unterrühren. Beiseitestellen.
7. Mehl, Zucker, Backpulver und Salz in der Schüssel einer Küchenmaschine mit dem Rührbesen (oder mit dem Handrührgerät) verrühren. Weiche Butter zugeben und bei niedriger Stufe zu einer grob krümeligen Masse verarbeiten.

8. Etwa 125 ml der Milchmischung beiseitestellen, den Rest zur Mehlmischung gießen und 2 Minuten bei mittlerer Stufe (bei höchster Stufe mit dem Handrührgerät) rühren. Restliche Milch zugeben und 1 Minute einarbeiten, Masse an den Seitenwänden der Schüssel nach unten schaben und weitere 30 Sekunden rühren. Gleichmäßig auf die vorbereiteten Kuchenformen verteilen.
9. 15 bis 20 Minuten backen, bis an einem Teststäbchen kein Teig mehr haften bleibt. Kuchen aus dem Ofen nehmen und 15 Minuten in der Form abkühlen lassen. Mit einem Gummispatel den Kuchen vorsichtig von den Rändern der Form lösen. Form mit einem Backblech abdecken und umdrehen, sodass der Kuchen aus der Form gleitet. Auf ein Kuchengitter geben und komplett abkühlen lassen.
10. Die Oberseite gerade abschneiden und jeden Kuchen in zwei gleich dicke Teile schneiden. Für das Trifle braucht man nur drei Teile. Den Rest für andere Zwecke beiseitegeben, zum Beispiel für die Cake-Pops jeder Geschmacksrichtung (Seite 91).
11. **Zubereitung des Sirups:** Preiselbeerkompott, Wasser und Orangenlikör in einem kleinen Topf bei mittlerer Hitze zum Kochen bringen. Hitze reduzieren und 1 Minute köcheln lassen. In eine hitzebeständige Schüssel gießen und kalt stellen. Man kann den gekühlten Sirup gleich verwenden oder in einem luftdicht verschließbaren Behälter bis zu 5 Tage aufbewahren.
12. **Fertigstellung:** Ein großes Trifle-Glas oder eine Glasschüssel bereitstellen.
13. Die Kuchenteile viermal in die eine und dreimal in die andere Richtung durchschneiden, sodass Würfel entstehen. Die Kuchenwürfel auf den Boden des Trifle-Glases legen, dabei einen Kreis bilden und darauf achten, dass die Stücke am Rand gut anliegen.
14. Etwa ein Viertel des Preiselbeersirups über die Kuchenwürfel gießen und mit einem Backpinsel verstreichen. Ein Drittel der Himbeeren darüber verteilen und darauf achten, dass sie von außen gut zu sehen sind. Durch ein kleines Sieb Puderzucker über die Beeren streuen und ein Drittel der Creme darüber verteilen. Schritt 13 und 14 wiederholen, mit der dritten Kuchenschicht abdecken, den restlichen Sirup darauf verteilen und mit den restlichen Himbeeren belegen, dabei einige Beeren zum Garnieren beiseitenehmen. Zum Schluss die restliche Creme über dem Trifle verteilen. Abdecken und kalt stellen, während man die Sahne schlägt.
15. Die Schlagsahne bei hoher Stufe steif schlagen. Trifle aus dem Kühlschrank nehmen, Schlagsahne daraufgeben und vorsichtig über den Beeren mit einem Gummispatel glatt streichen. Mit den restlichen Beeren garnieren und mindestens 3 Stunden oder über Nacht kalt stellen.

Tipp | Man kann das Trifle bis zu 24 Stunden im Voraus zubereiten und die Reste zugedeckt bis zu 2 Tage im Kühlschrank aufbewahren.

GETRÄNKE

QUIDDITCH WORLD CUP
Nimbus 2000
Firebolt
Firebolt
Nimbus 2000

Ergibt: 8 Besen
Ernährungsinfo: V, GF*

Heiße-Schokolade-
BESEN

Besen sind allgegenwärtig in der Zauberwelt. Für die Filme mussten die Besen besonders stabil sein. Daher hatten sie wie im Flugzeugbau einen Kern aus Titan, der mit Mahagoniholz verkleidet wurde und Birkenzweige als Borsten erhielt. Einige der Besen waren speziell an den Charakter ihrer Besitzer angepasst: Der Besen von Tonks hatte bunte Borsten, auf den von Arthur Weasley war ein Gepäckkorb montiert. Unsere „Besen" mit Holzgriff haben „Borsten" aus zartbitterer Schokolade, Kakao und Zucker. Sie zaubern ein wärmendes Getränk, das sich nach Belieben mit Streuseln, Mini-Marshmallows oder Schlagsahne verfeinern lässt.

> **„Das ist nicht irgendein normaler Besen, Harry. Das ist ein Nimbus 2000!"**
>
> Ron Weasley,
> *Harry Potter und der Stein der Weisen*

ZUTATEN

- 370 g zartbittere Schokotröpfchen
- 45 g ungesüßtes Kakaopulver
- 2½ EL Zucker
- 2 EL Schlagsahne
- 8 Einweglöffel aus Holz

1. Backblech mit Backpapier auslegen.
2. In der Mikrowelle in einer geeigneten Schüssel 185 g Schokotröpfchen in Intervallen von 30 Sekunden schmelzen und glatt rühren. Kakaopulver, Zucker und Sahne zugeben und alles zu einer dicken Masse verrühren.
3. Etwa 2 EL der Masse rund um die Schöpfteile der Holzlöffel auftragen, sodass eine Besenform entsteht. Die Besen auf das Backblech drücken, damit ein flacher, stabiler Boden entsteht. 20 Minuten kalt stellen.
4. Restliche Schokotröpfchen schmelzen, wie in Schritt 2 angegeben. Besen aus dem Kühlschrank nehmen und bis zum Stielansatz in die geschmolzene Schokolade tauchen. Bei Bedarf einen Gummispatel zu Hilfe nehmen. Mit der Gabel ein Borstenmuster in die Schokolade drücken. Die Besen mit den Stielen nach oben zurück auf das Blech setzen. 10 Minuten kalt stellen, bis die Schokolade fest ist.
5. Zum Servieren jeden Besen mit 250 ml sehr heißer Milch oder einer veganen Milchalternative in einer Tasse servieren. Besen in die Tasse geben, 2 Minuten schmelzen lassen und dann umrühren!
6. Dazu verschiedene Toppings wie Mini-Marshmallows, Streusel oder Schlagsahne bereitstellen.
7. Man kann die Besen in einem luftdicht verschließbaren Behälter bis zu 2 Wochen aufbewahren oder in Zellophantüten verpackt verschenken. Wenn gewünscht, mit einem feinen Stift die Besenstiele personalisieren, indem man die Namen der Empfänger, Nimbus 2000, Nimbus 2001, Feuerblitz oder Quidditch-Weltmeisterschaft darauf schreibt.

Cedric
Harry Potter

Ergibt: 4 Portionen
Ernährungsinfo: GF, V, V+*

Hogwarts-
PUNSCH

Ein Highlight beim Trimagischen Turnier, dem viele Schüler entgegenfiebern, ist der Weihnachtsball, der in *Harry Potter und der Feuerkelch* in den Weihnachtsferien stattfindet. Auf den Tischen stehen üppige Speisen, und an einer Eisskulptur werden Getränke aus zwei kesselförmigen Punschschüsseln serviert. Langhalsige, mit Schneeflocken gravierte Flaschen enthalten Getränke in Pastelltönen, die die vier Häuser von Hogwarts repräsentieren. Unser Hogwarts-Punsch zollt mit seiner goldgelben Farbe den beiden Siegern des Turniers – Hufflepuff-Schüler Cedric Diggory und Gryffindor-Schüler Harry Potter – Tribut. Das Rezept sowie der Durmstrang-Punsch (Seite 141) und der Beauxbatons-Punsch (Seite 143) ergeben jeweils nur kleine Mengen, die als Trio serviert werden und somit für zwölf Portionen reichen. Bei Bedarf lassen sich die Mengen aber leicht verdoppeln oder verdreifachen.

> **„Ähm, ich wollte gern wissen, ob du mich vielleicht auf den Ball begleitest."**
>
> Harry Potter zu Cho Chang,
> *Harry Potter und der Feuerkelch*

ZUTATEN

- 1 l Zitronenlimonade
- 125 ml Aprikosennektar
- 3 bis 4 Zweige frischer Thymian, plus mehr zum Garnieren
- 2 EL Honig
- ¼ TL goldener Glitzerstaub, optional
- ½ Zitrone, in dünne Scheiben geschnitten, zum Garnieren

1. Limonade, Aprikosennektar, Thymian und Honig in einem mittelgroßen Topf zum Kochen bringen. Vom Herd nehmen und 30 Minuten ziehen lassen. Durch ein feines Sieb in einen Krug füllen und bis zum Servieren kalt stellen.
2. Den Punsch im Krug oder in einem Bowlegefäß servieren. Wenn gewünscht, Goldglitzer einrühren. Zitronenscheiben und Thymianzweige in den Punsch geben.

Tipp | Für eine vegane Variante kann man Agavensirup statt Honig verwenden.

Ergibt: 4 Portionen
Ernährungsinfo: GF, V, V+

Durmstrang-PUNSCH

Ein Punsch, der das Durmstrang-Institut repräsentiert, muss feurig sein – so wie die Feuerspucker, die den Einzug der Schüler in die Große Halle beim Trimagischen Turnier ankündigen. In kräftigem Rot erstrahlen auch die Schuluniformen, auf denen ein doppelköpfiger Adler als Schulsymbol prangt. Zusätzlich trägt die männliche Schülergruppe beim Weihnachtsball leuchtend rote Mäntel mit krallenförmigen Verschlüssen und Pelzcapes, die beim Tanzen aufschwingen. Mit schwarzen Pfefferkörnern und Ingwer für etwas Pep sowie Kirsch- und Apfelsaft für die Süße lässt dieser Punsch jeden Gast wie die stolzen Jungs von Durmstrang umherwirbeln.

„Und nun unsere Freunde aus dem Norden. Begrüßen wir die stolzen Söhne von Durmstrang."

Albus Dumbledore,
Harry Potter und der Feuerkelch

ZUTATEN

500 ml Apfelsaft

1 Lorbeerblatt

1 Stück Ingwer (7,5 cm), geschält und in dünne Scheiben geschnitten

1 EL schwarze Pfefferkörner

500 ml ungesüßter Kirschsaft

¼ TL silberner Glitzerstaub, optional

frische Lorbeerblätter, zum Garnieren, optional

1. Apfelsaft, Lorbeerblatt, Ingwerscheiben und Pfefferkörner in einem mittelgroßen Topf zum Kochen bringen. Vom Herd nehmen und 30 Minuten ziehen lassen.
2. Durch ein feines Sieb in einen Krug füllen und mit Kirschsaft verrühren. Bis zum Servieren kalt stellen.
3. Im Krug oder in einem Bowlegefäß servieren. Wenn gewünscht, silbernen Glitzerstaub einrühren und mit frischen Lorbeerblättern garnieren.

Tipp | Dieser Punsch schmeckt auch warm ausgezeichnet. Damit der Punsch im Trio mit dem Hogwarts- und Beauxbatons-Punsch serviert werden kann, sind die Mengenangaben gering. Bei Bedarf lassen sie sich aber leicht vervielfachen.

Ergibt: 4 Portionen
Ernährungsinfo: GF, V, V+

Beauxbatons-
PUNSCH

Die Schülerinnen der Beauxbatons-Akademie zeichnen sich durch Eleganz aus, sind aber auch hart im Nehmen. Im gleichen Stil vereint dieser duftende Punsch die beruhigenden, erdigen Aromen von Lavendel mit der Spritzigkeit von weißem Traubensaft zu einem erfrischenden Getränk, das als Sinnbild für die kultivierten Schülerinnen steht. Kostümbildnerin Jany Temime, die selbst Französin ist, wählte für die Schulkleidung von Beauxbatons ein blasses Blau, das auch „Bleu de France“ genannt wird. Für den Weihnachtsball entwarf sie graublaue Outfits, die die Kultur und Mode ihres Landes widerspiegeln, wobei allein Fleur Delacours Kleid aus rund vierzig Metern Chiffon gefertigt war!

„Aber zuvor begrüßt bitte zusammen mit mir die charmanten Schülerinnen von der Beauxbatons-Akademie für Zauberei.“

Albus Dumbledore,
Harry Potter und der Feuerkelch

ZUTATEN

125 g Zucker

2 TL getrocknete essbare Lavendelblüten

1 bis 2 Tropfen hellblaue Lebensmittelfarbe

¼ TL hellblauer Glitzerstaub, optional

1 l weißer Traubensaft mit Kohlensäure, gekühlt

frische Lavendelzweige, zum Garnieren, optional

1. Zucker und 125 ml Wasser in einem kleinen Topf zum Kochen bringen, dabei umrühren, bis der Zucker aufgelöst ist. Vom Herd nehmen und die Lavendelblüten einrühren. 30 Minuten ziehen lassen.
2. Durch ein feines Sieb in einen Krug füllen, Lebensmittelfarbe und, wenn gewünscht, Glitzerstaub zugeben. In einem luftdicht verschließbaren Behälter bis zum Servieren kalt stellen.
3. Zum Servieren Lavendelsirup und sprudelnden Traubensaft in einen großen Krug oder ein Bowlegefäß gießen und vorsichtig verrühren. Eventuell mit Lavendelzweigen garnieren.

Tipp | Damit der Punsch im Trio mit dem Hogwarts- und Durmstrang-Punsch serviert werden kann, sind die Mengenangaben gering. Bei Bedarf lassen sie sich aber leicht vervielfachen.

Ergibt: 4 Portionen
Ernährungsinfo: GF, V, V+

Professor Trelawneys

EXTRASTARKER EARL-GREY-TEE

Tasseomantie ist die Kunst, mit Teeblättern die Zukunft zu deuten. Darum geht es in der ersten Lektion, die Professor Trelawney den Drittklässlern im Wahrsageunterricht erteilt. Ron deutet Harrys Teeblätter so, dass Harry zwar leiden, sich aber auch freuen wird. Sybill Trelawney hingegen erkennt darin den „Grimm", der baldigen Tod verheißt. Aber bekanntlich sieht sie ja in jeder Tasse, die sie betrachtet, etwas Negatives. Allein durch Positives besticht dagegen unser beschwipster Tee mit dem intensiven Aroma von Earl Grey und zitronigem Sirup, verstärkt durch trockenen Gin.

> **„Ihr müsst euren Horizont erweitern!"**
>
> Sybill Trelawney,
> *Harry Potter und der Gefangene von Askaban*

ZUTATEN

Für den Zitronensirup
3 Zitronen
250 g Zucker

Für den Tee
2 Beutel Earl-Grey-Tee
125 ml Zitronensirup
250 ml frisch gepresster Zitronensaft
250 ml Gin
4 Zitronenscheiben

1. **Zubereitung des Zitronensirups:** Mit einem Gemüseschälmesser den gelben Rand der Zitronenschale abschneiden und so viel wie möglich von der weißen Haut belassen. Zitronen zum Beispiel für Zitronensaft verwenden.
2. Zitronenschale mit 250 ml Wasser und Zucker in einem kleinen Topf zum Kochen bringen, dabei etwa 1 Minute umrühren, bis sich der Zucker vollkommen aufgelöst hat. Vom Herd nehmen, abkühlen lassen und in einem luftdicht verschließbaren Behälter bis zu 1 Woche im Kühlschrank aufbewahren.
3. **Zubereitung des Tees:** Teebeutel in einem hitzebeständigen Gefäß mit 250 ml kochendem Wasser übergießen und 6 Minuten ziehen lassen. Teebeutel entfernen und Tee bis zum Servieren kalt stellen.
4. Zum Servieren einen Cocktailkrug zur Hälfte mit Eiswürfeln füllen, Tee, Zitronensirup, Zitronensaft und Gin zugießen und gut umrühren, bis der Tee sehr kühl ist. Durch ein Sieb in Tassen oder Gläser füllen und mit Zitronenscheiben garniert servieren.

Ergibt: 8 Portionen
Ernährungsinfo: GF, V, V+

Weihnachtlich verzauberter APFELWEIN

Würzig warmer Apfelwein ist ein klassisches Weihnachtsgetränk, das man die ganze Adventszeit über genießen kann. Darum ist unser fruchtiges, weihnachtlich gewürztes Apfelweinrezept die perfekte Abrundung für einen kalten Wintertag. Seine Ursprünge sollen auf ein Getränk namens „Wassail" zurückgehen, das aus gebratenen Äpfeln hergestellt und in einem bekannten Weihnachtslied besungen wird. In *Harry Potter und der Stein der Weisen* gibt ein Geisterchor zu Ehren von Hogwarts das Weihnachtslied „Ring the Hogwarts Bell" zum Besten. Der Gesang hallt durch die Flure, während die Schüler in die Ferien aufbrechen.

> **„Merry Christmas,**
> **Merry Christmas,**
> **Ring the Hogwarts bell!**
> **Merry Christmas,**
> **Merry Christmas,**
> **Cast a Christmas spell!"**
>
> Geisterchor in Hogwarts,
> *Harry Potter und der Stein der Weisen*

Tipp | Man kann dieses Rezept für viele Gäste leicht verdoppeln. Schongarer sind für Glühweingetränke ideal, weil sie bei konstant niedriger Temperatur kochen.

ZUTATEN

- 2 Äpfel
- 2 Orangen
- 1 EL ganze Gewürznelken
- 2 l naturtrüber Apfelwein
- 4 EL brauner Zucker
- 4 Zimtstangen
- 2 Stück Sternanis
- ⅛ TL Muskatnuss, gerieben

1. Einen Apfel entkernen und in dünne Scheiben schneiden.
2. Eine Orange quer in dünne Scheiben schneiden.
3. Gewürznelken in die Orangenschale stecken, damit man sie leicht entfernen kann, oder in einen Teefilter geben.
4. **Kochen im Schongarer:** Apfelwein, Zucker, Apfelscheiben, Orangenscheiben, Gewürznelken, Zimt, Sternanis und Muskatnuss im Schongarer 1 bis 1½ Stunden auf niedriger Stufe kochen, dabei nach der Hälfte der Zeit umrühren.
5. **Kochen auf dem Herd:** 1 l Apfelwein und Zucker in einem großen Topf erwärmen, dabei gelegentlich umrühren, bis sich der Zucker aufgelöst hat und der Apfelwein köchelt. Hitze reduzieren, restlichen Apfelwein, Zucker, Apfelscheiben, Orangenscheiben, Gewürznelken, Zimt, Sternanis und Muskatnuss zugeben. Wieder zum Köcheln bringen und 30 bis 45 Minuten bei niedriger Hitze köcheln lassen. Vom Herd nehmen, umrühren und 10 bis 15 Minuten ziehen lassen.
6. Apfelwein warm in Tassen servieren. Einen Apfel und eine Orange wie oben angegeben schneiden und jeweils eine Scheibe in jede Tasse geben.
7. Der Apfelwein kann in einem luftdicht verschließbaren Behälter 1 bis 2 Tage aufbewahrt werden, dabei darauf achten, dass sämtliche Fruchtstücke und Gewürze vor der Lagerung entfernt werden, damit der Geschmack der Gewürze nicht zu stark wird und das Obst nicht fermentiert. Vor dem Servieren im Schongarer oder in einem großen Topf bei mittlerer Hitze erwärmen.

Ergibt: 2 Portionen
Ernährungsinfo: GF, V, V+

KATZENHAAR

Um hinter die Identität des Erben von Slytherin zu kommen, der in *Harry Potter und die Kammer des Schreckens* den tödlichen Basilisken in Hogwarts auf die Muggel losgelassen hat, braut Hermine mit den Haaren von Crabbe und Goyle einen Vielsaft-Trank. Damit können sich Harry und Ron verwandeln, um in den Slytherin-Schlafsaal zu gelangen. Leider stammt das Haar, das Hermine von der Robe der Slytherin Millicent Bulstrode zupft, von einer Katze, und sie verwandelt sich in ein Mischwesen aus Mensch und Katze. So kann sie sich natürlich nicht blicken lassen! Um den Trank so ekelhaft wie möglich zu machen, reichte das Team für Spezialeffekte den Darstellern ein trüb gefärbtes Gebräu mit Gemüseklumpen. Kalt serviert löste es die gewünschten Reaktionen hervor. Unsere Vielsaft-Variante ist zwar von dieser Szene inspiriert, löst mit ihrer Mischung aus Kiwis, Limetten und Kokosnuss aber keinen Ekel, sondern Begeisterung hervor. Versprochen!

„Seht euch bloß mein Gesicht an."

„Und sieh dir erst deinen Schwanz an!"

Hermine Granger und Ron Weasley,
Harry Potter und die Kammer des Schreckens

ZUTATEN

2 reife Kiwis

500 ml Kokoswasser, gekühlt

2 TL Chiasamen

1 Limette

⅛ TL grüner Glitzerstaub, optional

4 EL Kokosraspel, geröstet

1. Kiwis schälen, das harte Innere entfernen und Fruchtfleisch in den Behälter eines Standmixers geben. Kokoswasser zugeben und bei hoher Geschwindigkeit mixen, bis die Kiwi püriert ist. Mischung in einen luftdicht verschließbaren Behälter geben, Chiasamen, Saft einer halben Limette und, wenn gewünscht, Glitzerstaub zugeben und verrühren. Verschließen und 15 bis 20 Minuten kalt stellen, bis die Mischung eindickt.
2. Kurz vor dem Servieren die zweite Limettenhälfte halbieren und mit den Spalten die Ränder von 2 Gläsern befeuchten.
3. Die gerösteten Kokosraspel auf einen flachen Teller geben und die Glasränder darin drehen, um sie damit zu überziehen.
4. Das Getränk gleichmäßig auf zwei Gläser verteilen und sofort servieren.

Ergibt: 6 Portionen
Ernährungsinfo: GF, V, V+*

Magischer GLÜHWEIN

Mit der Süße von Orangen und Honig, dem Lakritzaroma von Sternanis und einem großzügigen Schuss Brandy wärmt dieses vollmundige Getränk Körper und Seele gleichermaßen. Abgesehen von seinem vorzüglichen Geschmack macht es auch mit seinen prächtigen Farben auf jeder Weihnachtsfeier ordentlich was her. Gewürzten Wein haben einst die Römer in die kälteren Regionen Europas gebracht. Er diente nicht nur zum Aufwärmen, sondern hatte dank der Früchte und Gewürze auch gesundheitlichen Nutzen. Unser Glühwein ist dem Met, den sich Horace Slughorn mit Harry und Ron genehmigt, sehr ähnlich. Als Ron erkrankt, müssen sie leider feststellen, dass das Getränk vergiftet war. Da wäre unser Glühwein sicher die bessere Wahl gewesen!

> **„Hier, alter Junge. Runter damit!“**
>
> Horace Slughorn,
> *Harry Potter und der Halbblutprinz*

ZUTATEN

3 Orangen
1 EL Gewürznelken
1 Flasche Rotwein (750 ml)
250 ml Orangensaft
185 g Honig
2 EL brauner Zucker
4 Zimtstangen
2 Stück Sternanis
1 Lorbeerblatt
⅛ TL Cayennepfeffer
60 ml Brandy

1. 2 Orangen in dicke Scheiben schneiden. Gewürznelken in die Orangenschale stecken, damit man sie leicht wieder entfernen kann, oder in einen Teefilter geben.
2. **Kochen im Schongarer:** Wein, Orangenscheiben, Orangensaft, Honig, braunen Zucker, Zimt, Sternanis, Lorbeerblatt, Cayennepfeffer und Brandy im Schongarer bei niedriger Stufe 1½ Stunden kochen. Danach die Orangen und Gewürze entfernen.
3. **Kochen auf dem Herd:** Orangensaft, Zucker und Honig in einem großen Topf zum Köcheln bringen und umrühren, bis Honig und Zucker aufgelöst sind. Wein, Orangenscheiben, Zimt, Sternanis, Lorbeerblatt, Cayennepfeffer und Brandy zugeben und wieder zum Köcheln bringen. Auf niedrige Hitze reduzieren und 30 Minuten köcheln lassen. Danach die Orangen und Gewürze entfernen.
4. Heiß in Tassen servieren. Die dritte Orange in Scheiben schneiden und in die Tassen geben.
5. Der Glühwein kann in einem luftdicht verschließbaren Behälter 1 bis 2 Tage aufbewahrt werden, dabei darauf achten, dass sämtliche Fruchtstücke und Gewürze vor der Lagerung entfernt werden, damit der Geschmack der Gewürze nicht zu stark wird und das Obst nicht fermentiert. Vor dem Servieren im Schongarer oder in einem großen Topf bei mittlerer Hitze erwärmen, aber nicht mehr kochen.

Tipp | Für eine vegane Version Honig durch Agavensirup ersetzen. Gewürze und Obst erzeugen so viel Geschmack, dass man keinen teuren Wein dazu benötigt. Günstiger Cabernet, Zinfandel oder Dornberger sind ideal.

Mistelzweig-
COCKTAIL

Ergibt: 2 Portionen
Ernährungsinfo: GF, V, V+

In *Harry Potter und der Orden des Phönix* bekommt Harry Potter seinen ersten Kuss von Cho Chang, nachdem die Schüler von Dumbledores Armee in die Weihnachtsferien aufgebrochen sind. Harry ist schon eine Weile in Cho verknallt. Als sie ihn schließlich darauf hinweist, dass sie gerade unter einem Mistelzweig stehen, lassen die beiden ihren Gefühlen freien Lauf. Daniel Radcliffe und Katie Leung waren vor dem Dreh der Szene sehr nervös. Der Schauspieler erinnert sich, wie sie an diesem Tag „aus Höflichkeit jede Menge Kaugummi kauten". Die essbaren Minzblätter in diesem Cocktail ersetzen die ungenießbare Mistel und sorgen bei Bedarf für sympathischen Atem. Man weiß ja nie …

ZUTATEN

- 5 bis 6 Minzblätter, plus mehr zum Garnieren
- 125 ml Kokosmilch
- 30 ml Zuckersirup, plus mehr zum Garnieren
- 60 ml Limettensaft
- 125 ml weißer Rum
- 60 ml Kokoswasser
- 1 EL Puderzucker, zum Garnieren

1. Minze, Kokosmilch und Zuckersirup in einen Cocktailshaker geben, 5 bis 6 Eiswürfel zugeben und mit Limettensaft, Rum und Kokoswasser übergießen.
2. Zwei Highball-Gläser zur Hälfte mit Eiswürfeln füllen.
3. Schütteln, bis der Cocktailshaker sich eiskalt anfühlt. Inhalt auf die zwei Gläser verteilen und mit gezuckerten Minzblättern (siehe Tipp) garnieren.

Tipp | Für die gezuckerten Minzblätter 1 TL Zuckersirup mit 1 TL Wasser gut verquirlen. Sirupmischung mit einem Backpinsel in einer sehr dünnen Schicht auf die Blätter von zwei kurzen Minzezweigen streichen. Mit Zucker bestreuen und auf einem Teller zum Trocknen bis zur Verwendung beiseitestellen. Als Garnitur für den Cocktail einen Cocktailspieß quer über das Glas legen und die gezuckerte Minze kopfüber wie einen Mistelzweig daranhängen.

„Ein Mistelzweig."
„Aber vermutlich voller Nargel."

Cho Chang und Harry Potter,
Harry Potter und der Orden des Phönix

Ergibt: 1 Portion
Ernährungsinfo: V, GF

KÜRBIS-FIZZ

Kürbisse sind in der Zauberwelt allgegenwärtig: Man denke nur an den weithin beliebten Kürbissaft und die Kürbisse, die an Halloween über den Tischen der Großen Halle hängen. Neben der Hütte von Hagrid erstreckt sich ein Kürbisfeld, und es gibt sogar Schokoladenkuchen in Kürbisform, die beim Empfangsfest des Trimagischen Turniers serviert werden. Interessanterweise wurden einige der Kürbisrequisiten von Hagrids Kürbisfeld sogar verwendet, um die Kuchenformen für die Schokoladenkuchen herzustellen. Die Süße des Apfelsafts verbindet sich mit den würzigen Aromen der Kürbisbutter und einem Hauch Ingwer zu einem prickelnden Trinkgenuss.

> **„Bei mir im Haus gibt's gar keine kleinen Gläser."**
>
> Rubeus Hagrid,
> *Harry Potter und der Gefangene von Askaban*

ZUTATEN

Für die Kürbisbutter

1,5 kg Kürbis (Winterkürbis oder Butternuss)

250 ml Apfelsaft

2 EL Bourbon Whiskey oder Vanilleextrakt

220 g brauner Zucker

1 TL Zimt, gemahlen

¼ TL Gewürznelken, gemahlen

Für den Kürbis-Fizz

3 EL Apfelsaft

2 EL Kürbisbutter

180 bis 250 ml Gingerbeer oder Gingerale

Spezialausstattung

Marmelade- oder Einmachgläser mit Schraubdeckel: 8 Gläser à 125 ml oder 4 Gläser à 250 ml

1. **Zubereitung der Kürbisbutter:** Gläser mit passenden Deckeln bereitstellen, gut gewaschen und sterilisiert. Backofen auf 180 °C vorheizen.
2. Kürbis halbieren und Kerne und Fäden entfernen. Ende des Strunks abschneiden und entfernen.
3. 125 ml Apfelsaft und 125 ml Wasser in einen Bräter gießen. Kürbishälften mit der Schnittfläche nach unten in den Bräter setzen und 45 bis 50 Minuten garen, bis sie so weich sind, dass man mit einer Gabel hineinstechen kann.
4. 10 Minuten abkühlen lassen, dann mit einer Gabel und einem Löffel das Fruchtfleisch von der Schale kratzen. Fruchtfleisch und Kochflüssigkeit in einen großen Topf mit schwerem Boden geben. Schale entsorgen.
5. 125 ml Apfelsaft, Bourbon Whiskey oder Vanilleextrakt, braunen Zucker, Zimt und Nelken zugeben und bei mittlerer Hitze etwa 10 Minuten kochen, bis die Mischung Blasen wirft, dabei gelegentlich umrühren. Hitze reduzieren, teilweise zudecken und weitere 20 bis 25 Minuten köcheln lassen, bis die Mischung mehrere Sekunden an einem Löffel kleben bleibt.
6. Vom Herd nehmen und mit einem Pürierstab glatt mixen. Sofort in saubere Gläser füllen und mit passenden Deckeln verschließen. Man kann die Kürbisbutter bis zu 3 Wochen im Kühlschrank aufbewahren.
7. **Zubereitung des Fizz:** Apfelsaft und Kürbisbutter in einem großen Glas glatt rühren. Eiswürfel dazugeben und mit Gingerbeer oder Gingerale auffüllen. Vorsichtig umrühren oder geschichtet mit einem Löffel oder Trinkhalm servieren.

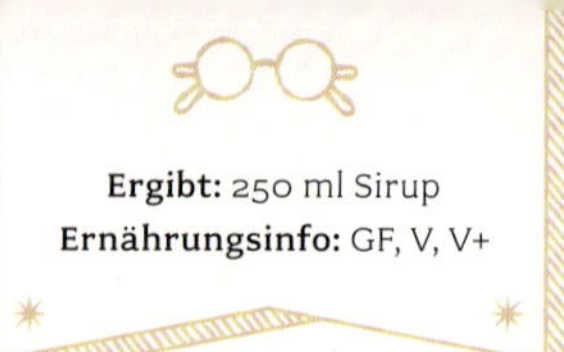
Ergibt: 250 ml Sirup
Ernährungsinfo: GF, V, V+

Großer-See-
ZUCKERSIRUP

Zuckersirup verleiht jedem Getränk im Handumdrehen etwas Süße. Ebenso einfach ist er herzustellen: Man vermischt Zucker und Wasser zu gleichen Teilen, erhitzt das Ganze, damit sich der Zucker auflöst, und verfeinert dann eisgekühlte Getränke oder Cocktails damit. Der Sirup kann auch mit anderen Zutaten aromatisiert werden, etwa mit Kakaopulver, wie in dieser vom Großen See inspirierten Version – im trüben Wasser des Sees lässt sich nämlich kaum etwas erkennen, wie Harry während der zweiten Aufgabe des Trimagischen Turniers in *Harry Potter und der Feuerkelch* feststellen muss. Der Große-See-Zuckersirup kann mit Schaumwein zu einem dunklen Mimosa oder mit Gingerale gemischt werden. Auch zur Herstellung eines Schwarz und Orange (Seite 155) eignet er sich bestens. Mit diesem Sirup lässt sich jedes Getränk ohne viel Aufwand dunkler und süßer machen.

ZUTATEN

250 g Zucker

1 EL Backkakao

1. Zucker mit 250 ml Wasser in einem kleinen Topf bei mittlerer bis hoher Hitze zum Kochen bringen, dabei etwa 1 Minute ständig rühren, bis sich der Zucker aufgelöst hat.
2. Vom Herd nehmen, 15 Minuten abkühlen lassen und Backkakao einrühren, bis die Mischung glatt ist und keine Klumpen mehr hat. Im Kühlschrank bis zu 1 Woche aufbewahren.

Ergibt: 4 Portionen
Ernährungsinfo: GF, V, V+

SCHWARZ UND ORANGE

Dieser Drink ist vom beliebten Cocktail *Black and Tan* inspiriert, der dunkles und helles Bier kombiniert. Aufgrund der unterschiedlichen Dichte setzen sich die Zutaten in Schichten voneinander ab. Bei unserer Schwarz-Orange-Version trifft die Süße des Großer-See-Zuckersirups (Seite 154) auf die vollmundige Würze eines Kürbis-Fizz.

> **„Myrte, es leben doch keine Wassermenschen im Schwarzen See, oder?"**
>
> Harry Potter,
> *Harry Potter und der Feuerkelch*

ZUTATEN

- 2 EL Großer-See-Zuckersirup (Seite 154)
- 3 EL Apfelsaft
- 2 EL Kürbisaufstrich
- 180 bis 250 ml Gingerbeer oder Gingerale

1. Den Sirup in ein großes Glas gießen, dabei darauf achten, die Seiten nicht zu beschmutzen.
2. Apfelsaft und Kürbisaufstrich in einer kleinen Schüssel glatt rühren.
3. Eiswürfel ins Glas geben und mit der Apfelsaftmischung übergießen. Die Schichten etwa 1 Minute setzen lassen, dann mit Gingerbeer oder Gingerale langsam über den Rücken eines Löffels auffüllen. Mit einem Löffel oder Trinkhalm zum Umrühren sofort servieren.

Ergibt: 1 Portion
Ernährungsinfo: GF

GRAUE DAME

Wie sich in *Harry Potter und die Heiligtümer des Todes – Teil 2* herausstellt, handelt es sich beim Geist des Hauses Ravenclaw, der grauen Dame, um die Tochter von Rowena Ravenclaw. Rowena, die Gründerin des Hauses Ravenclaw, trug ein Diadem, das Voldemort in einen Horkrux verwandelte. Das kostbare Stück, entworfen von Miraphora Mina, zeigt den Körper des Ravenclaw-Adlers in blauen Steinen, umgeben von weißen Steinen, die die Schwingen bilden, und dem Motto des Hauses Ravenclaw. Dieser Drink spielt mit seinem glitzernden Zuckerrand optisch auf das Funkeln des Diadems und mit seiner Farbe auf die geisterhafte Präsenz der grauen Dame an.

> **„Witzigkeit im Übermaß ist des Menschen größter Schatz"**
>
> Wahlspruch des Hauses Ravenclaw

ZUTATEN

Für den blauen Zuckersirup
250 g Zucker
1 EL Schmetterlingserbsentee

Für den Drink
2 EL dunkelblauer Streuzucker
½ EL blauer Zuckersirup
3 Brombeeren
1 TL Meringue-Backmischung
60 ml Wodka
30 ml Holunderblütenlikör

Spezialausstattung
Cocktailgläser oder Champagnerkelche

1. **Zubereitung des blauen Zuckersirups:** 250 ml Wasser und Zucker in einem kleinen Topf bei mittlerer Hitze zum Kochen bringen, dabei etwa 1 Minute umrühren, bis sich der Zucker vollkommen aufgelöst hat. Vom Herd nehmen, Tee einrühren, etwa 1 Stunde ziehen und komplett abkühlen lassen. Durch ein feines Sieb in einen luftdicht verschließbaren Behälter gießen und bis zu 1 Woche im Kühlschrank aufbewahren.
2. **Zubereitung des Drinks:** Streuzucker auf einen Teller geben, den Rand des Glases mit etwas blauem Zuckersirup befeuchten und im Zucker drehen, bis der Rand vollständig überzogen ist. 1 Brombeere einschneiden und auf dem Glasrand befestigen.
3. Die restlichen 2 Brombeeren und den blauen Zuckersirup in einen Cocktailshaker geben. Meringue-Backmischung, Wodka und Holunderblütenlikör sowie einige Eiswürfel zugeben, dabei genug Platz zum Aufschäumen lassen. Kräftig schütteln, bis sich der Cocktailshaker eiskalt anfühlt. Durch das Sieb in das Cocktailglas gießen. Sofort servieren.

Tipp | Man kann statt des Schmetterlingserbsentees auch Lebensmittelfarbe für den blauen Zuckersirup verwenden. Das hat jedoch nicht denselben Zauber der Farbveränderung wie der Tee, und auch die Farbe des Cocktails wird davon beeinflusst.

RONA

Harry-Potter-
Weihnachts-partys

„Am Heiligen Abend finden wir und unsere Gäste uns in der Großen Halle zusammen für einen Abend gepflegt manierlichen Übermutes."

Minerva McGonagall, *Harry Potter und der Feuerkelch*

PARTYPLANUNG
und Menüvorschläge

Gibt es etwas Schöneres, als im Kreise von Freunden und Familie köstliche Speisen und Getränke sowie angeregte Gespräche in einem feierlichen Ambiente zu genießen? Nun ja, wir finden schon – wenn das Fest im Zeichen der fantastischen Filme aus der Zauberwelt von Harry Potter, Ron Weasley, Hermine Granger und vielen anderen faszinierenden Hexen und Zauberern steht.

Aber Weihnachtsfeiern lassen sich nicht einfach durch einen Schwung mit dem Zauberstab herbeizaubern. Damit ein Fest – sowohl für die Partygäste als auch für die Gastgeber – einzigartig und unvergesslich wird, braucht es Zeit, harte Arbeit und viel Liebe zum Detail. Die Filmemacher haben beim Willkommensfest in *Harry Potter und der Stein der Weisen* 450 Schüler bewirtet – für den Anfang sollte man sich aber vielleicht besser auf eine kleinere Anzahl von Gästen beschränken. Dabei kann die Feier ein aufwendiges Tanzfest wie der Weihnachtsball in *Harry Potter und der Feuerkelch* oder eine gemütliche Cocktailparty wie das Weihnachtstreffen im Slug-Klub in *Harry Potter und der Halbblutprinz* sein.

Bei der Planung gibt es viel zu beachten, vor allem was die Tischdekoration einschließlich Geschirr, Besteck und Tischwäsche anbelangt. Es müssen ja nicht unbedingt goldene Teller, Messer, Gabeln und Löffel sein wie in Hogwarts – auch Tischkärtchen, vielleicht sogar ein oder zwei Tafelaufsätze, machen den Tisch festlich. Horace Slughorn setzt auf rote Laternen, und beim Weihnachtsfest der Weasleys am Grimmauldplatz sind überall Knallbonbons und Weihnachtskarten verteilt.

Das richtige Ambiente ist das A und O einer Feier – und die Dekoration ist der Schlüssel dazu: Tannengrün, Christbaumschmuck, Kränze, Girlanden und strahlende Lichter sorgen für magische Stimmung. Man kann sich auch an Professor Flitwick orientieren, der in der Großen Halle von Hogwarts goldene Sterne in allen Größen, Halbmonde, Vögel und glitzernde Kugeln mithilfe des Zauberspruchs *Wingardium Leviosa* an die Zweige der Weihnachtsbäume schweben lässt. Oder wie wäre es, den Baum in den Farben eines der vier Häuser von Hogwarts zu gestalten? Zum Beispiel mit goldenen Knallbonbons – einer typisch englischen Weihnachtstradition – und roten Miniaturgeschenken, die in Harrys erstem Schuljahr den Weihnachtsbaum von Gryffindor schmücken.

Wer keinen Baum hat, kann Girlanden und Kränze aus immergrünen Zweigen an den Wänden, über den Türen und in den Regalen drapieren und sie mit goldenen Tannenzapfen und anderem glitzerndem Weihnachtsschmuck dekorieren. Der Duft von Fichte oder Tanne sorgt zusätzlich für Weihnachtsstimmung. Wer selbst keinen Kamin hat, kann ein knisterndes Kaminfeuer über den Fernseher oder einen Bildschirm streamen. Auch Mistelzweige im Raum sind ein stimmungsvoller Hingucker – aber Vorsicht vor den Nargeln!

Ob eine Party ein Knüller wird, hängt auch zu einem großen Teil vom Essen ab, und eine Themenparty mit einem Motto wie „Weihnachten in der Zauberwelt" schreit geradezu nach einem kultverdächtigen Menü. Typisch für die traditionelle englische Küche sind gebratenes Fleisch und Gemüse, aber auch herzhafte Meeresfrüchte oder Currygerichte sind beliebt. Originell wäre sicherlich, wie

beim Willkommensfest für das Trimagische Turnier in *Harry Potter und der Feuerkelch* einfach nur Desserts zu servieren! Die Horsd'œuvres können von süß bis salzig reichen, und in der kalten Jahreszeit geht nichts über einen Heiße-Schokolade-Besen oder einen Magischen Glühwein.

Zur Unterhaltung bietet sich an, gemeinsam mit den Gästen Weihnachtslieder zu singen, Geschenke auszutauschen, Weihnachtskarten, Schneeflocken aus Papier und rot-goldene oder silber-grüne Girlanden im Raum aufzuhängen oder auch Weihnachtsschmuck und Knallbonbons zu basteln, mit denen sich der Baum aufhübschen lässt.

Oder wie wäre es mit einer eigenen Version des Weihnachtsballs mit verschiedenen Show-Einlagen, etwa einer Vorführung von Zauberstabfertigkeiten? Nach dem festlichen Essen tut etwas Bewegung gut, zum Beispiel wenn man das Tanzbein schwingt. Hierzu können bereits im Voraus Karten mit Tanzanleitungen angefertigt und verteilt werden. Aber Achtung – beim Beschriften auf gar keinen Fall den rechten mit dem linken Fuß verwechseln! Es muss auch nicht immer Gold sein! Auf dem Weihnachtsball in *Harry Potter und der Feuerkelch* werden Silberteller und silbernes Besteck sowie Kristallgläser verwendet. Tischtücher, Stühle und sonstiges Inventar sind ebenfalls in Silber gehalten. Zur kühlen Eleganz passen mit künstlichem Schnee besprühtes Tannengrün und Punsch in einem „Kessel" aus glitzerndem Kristallglas. Außerdem kann man sich mal so richtig in Schale werfen – so wie die Schüler auf dem Weihnachtsball in Hogwarts. Bei der Garderobe kann man ruhig kreativ sein, man sollte sich bloß nicht von Rons Großtante Tessie inspirieren lassen!

Wer die Fenster mit Kunstschnee besprüht und den Wollschal seines Lieblingshauses trägt, kommt schnell in Weihnachtsstimmung. Vor allem, wenn Weihnachtsmusik im Hintergrund läuft, während man die köstlichen Festmenüs zubereitet. Und das Beste: Zauber-Weihnachten kann man eigentlich zu jeder Jahreszeit feiern. Denn für ein fröhliches Weihnachtsfest à la Hogwarts ist immer der richtige Zeitpunkt.

Harry-Potter- WICHTELN

Das Harry-Potter-Wichteln ist eine Abwandlung des Wichtelns, bei der die Teilnehmer die Geschenke aus einem Sack ziehen und untereinander tauschen können. Das erhöht die Chance, am Ende ein passendes Geschenk zu bekommen. Einzige Bedingung: Alle Teilnehmer legen ein Geschenk zum Thema *Harry Potter* in den Sack – und die Gastgeber steuern einen selbst gebackenen Weihnachtskuchen wie in der Großen Halle als Geschenk bei. Dann zieht jeder Teilnehmer eine Nummer. Wer die Nummer 1 hat, darf beginnen, danach geht es in aufsteigender Reihenfolge weiter. Jeder Teilnehmer kann entweder ein neues Geschenk aus dem Sack ziehen oder ein Geschenk von jemandem „stibitzen", der zuvor schon dran war. Allerdings darf ein Geschenk nur einmal pro Runde und insgesamt nicht mehr als zweimal stibitzt werden. Sobald ein Geschenk zwischen drei Teilnehmern weitergegeben wurde, darf es der dritte behalten, und es kann nicht mehr stibitzt werden. Der Zauber liegt darin, dass der Gewinner des köstlichen Früchtekuchens definitiv das große Los zieht!

Weihnachtsball-
PARTYMENÜ

Die Schüler von Hogwarts erhalten eine Einladung zum Weihnachtsball, bei dem auch das Trimagische Turnier gefeiert werden soll. Während des Balls werden Getränke und ein Festessen serviert, ein Ballpaar gekürt und Zauberstabfertigkeiten zum Besten gegeben. Dieses Menü bildet mit farbenfrohem Punsch, köstlichen Fischgerichten und einem cremig-fruchtigen Schichtdessert das kulinarische Highlight an einem „Abend gepflegt manierlichen Übermutes".

Menü für die Slug-Klub-
COCKTAILPARTY

Professor Horace Slughorn veranstaltet während der Ereignisse von *Harry Potter und der Halbblutprinz* mehrere Partys. Auf seiner Weihnachtsfeier geben sich neue und langjährige Mitglieder des Slug-Klubs ein Stelldichein. Eine Cocktailparty ist eine wunderbare Gelegenheit, um mit neuen und alten Freunden zusammenzukommen und ein Weihnachtsfest in vertrauter Runde zu genießen. Ob nussige und fruchtige oder feurige und kühle Variationen – bei diesem Menüvorschlag ist für jeden Geschmack etwas dabei.

QUIDDITCH WORLD CUP
Firebolt
Firebolt
Nimbus 2000

Menü für den
FILMABEND AM FEUER

An einem kalten Winterabend gibt es nichts Schöneres, als sich mit anderen Filmfans einen oder zwei Lieblingsfilme anzusehen. Dieses Menü für einen gemütlichen Filmabend wartet mit unwiderstehlichen Köstlichkeiten auf, die von Kopf bis Fuß wärmen, auch wenn gerade kein Kamin in der Nähe ist. Und als Ersatz tun es ja auch der riesige Kamin im Gryffindor-Gemeinschaftsraum oder das lodernde Feuer und die Fackeln in der Großen Halle von Hogwarts, die beim Ansehen der Harry-Potter-Filme wohlige Wärme verbreiten.

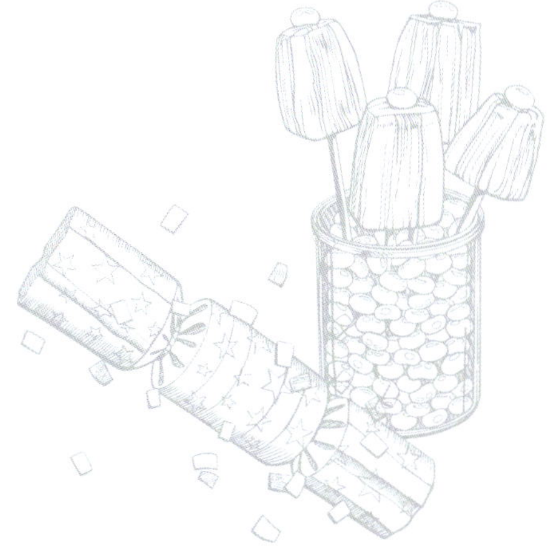

WEIHNACHTSMENÜ
à la Grimmauldplatz

Weihnachten steht ganz im Zeichen der Spannung und Vorfreude – wer kommt wohl zur Feier, welche Anekdoten werden zum Besten gegeben und welche Geschenke werde ich bekommen? (Bei den Weasleys wird ziemlich sicher etwas selbst Gestricktes von Molly unter den Geschenken sein!) Da empfiehlt sich als Unterlage ein herzhaftes, bodenständiges Menü. Dieses festliche Abendessen hier ist eine Anspielung auf alte Traditionen und (wie bei Sirius und Harry) auf die Zukunft.

Menü für den
1. WEIHNACHTSTAG

Wenn es eines gibt, was Muggel und Zauberer gemeinsam haben, dann ist es wohl die Begeisterung für ein Weihnachtsfest im Kreise von Familie und Freunden. An Weihnachten ist Hogwarts mit wohlriechenden Bäumen und Kränzen geschmückt, liebevoll ausgewählte Geschenke werden verteilt, und alle versammeln sich zu einem Festmahl aus knackigem Gemüse, saftigem Fleisch und herzhaftem Brot. Und dann wäre da noch das spektakuläre Dessert, das dem Fest die Krone aufsetzt. Ein Weihnachtsmenü wie dieses sorgt auf jeden Fall für magische Stimmung.

Brunch für den

2. WEIHNACHTSTAG

Der 26. Dezember ist der ideale Zeitpunkt für einen Besuch bei den Lieben, mit denen man zum Weihnachtsfest nicht zusammen sein konnte. Natürlich dürfen auch die Geschenke nicht fehlen – vielleicht sogar etwas, was zum Verzehr geeignet ist. Natürlich nach Rezepten aus diesem Buch! Auch Reste vom Weihnachtsfest lassen sich wunderbar verwerten und eignen sich hervorragend als Ergänzung zu einem zauberhaft unwiderstehlichen Brunch.

GUT ZU WISSEN …

Ablöschen: Beim Ablöschen wird Flüssigkeit, in der Regel Wein oder Brühe, in die heiße Pfanne gegeben, um den Bratensatz von der Pfanne zu lösen. Die entstandene Flüssigkeit, Fond genannt, ist sehr aromatisch und sollte daher unbedingt genutzt werden. Das Ablöschen ist oft der erste Schritt bei der Zubereitung einer köstlichen Sauce.

Glitzerstaub: Lebensmittelechter Glitzer zum Dekorieren ist online oder im Fachhandel erhältlich. Er kann mit klarem Alkohol zu einer glänzenden Glasur verrührt oder mit einem Pinsel auf trockene Oberflächen aufgetragen werden.

Hocherhitzbare Pfanne vs. Antihaft-Pfanne: Für viele Rezepte in diesem Buch ist eine hocherhitzbare Pfanne erforderlich. In der Regel handelt es sich dabei um Pfannen aus rostfreiem Stahl, Gusseisen oder emailliertem Gusseisen. Die Herdtemperaturen sind auf diese Art von Kochgeschirr abgestimmt. Wer antihaftbeschichtetes Kochgeschirr verwendet, muss die vom Hersteller angegebenen Hitzebeschränkungen beachten. In den meisten Fällen sollte antihaftbeschichtetes Kochgeschirr bei großer Hitze weder auf dem Herd noch im Backofen verwendet werden. Die Garzeiten müssen daher möglicherweise entsprechend angepasst werden.

Ingwer schälen: Frischer Ingwer lässt sich am einfachsten mit einem kleinen Löffel schälen. Mit der Kante kann man gut die Schale abschaben. Dadurch bleibt mehr von der Wurzel erhalten, und es fällt weniger Abfall an. Diese Methode funktioniert auch problemlos an knubbeligen oder unebenen Stellen.

Milch: Wenn in diesem Buch von Milch die Rede ist, ist Kuhmilch gemeint, sofern nicht anders angegeben. Wenn nicht ausdrücklich erwähnt, kann man einen beliebigen Milchfettanteil verwenden.

Salz: Sofern nicht anders im Rezept angegeben, kann jedes beliebige Salz verwendet werden.

Silikonbackmatte: Silikonbackmatten können sowohl bei hohen Temperaturen im Ofen als auch bei niedrigen im Tiefkühler verwendet werden. Sie sind sehr praktisch beim Backen, da sich der Teig darauf leicht ausrollen lässt und dann direkt in den Ofen gegeben werden kann. Sie sind antihaftbeschichtet, leicht zu reinigen und immer wieder verwendbar.

Sumach: Dieses Gewürz wird aus der geriebenen Frucht des Färberbaums gewonnen. Es hat einen herben, leicht säuerlichen Geschmack und kommt sehr häufig in der mediterranen und orientalischen Küche zum Einsatz. Es eignet sich hervorragend für Gewürzmischungen, Marinaden und Dressings, verleiht den Gerichten Pep und eine wunderschöne Farbe.

Vanillepaste vs. Vanilleextrakt: Vanillepaste hat den intensiven Vanillegeschmack und die charakteristischen schwarzen Punkte, ohne dass man eine Vanilleschote aufschneiden und auskratzen muss. Paste ist zwar teurer als Extrakt, sorgt aber bei einigen Rezepten für das gewisse Etwas. Wenn nicht ausdrücklich darauf hingewiesen wird, kann die Paste stets durch Vanilleextrakt im Verhältnis 1:1 ersetzt werden.

Verquirltes Ei zum Bestreichen: 1 Ei und 1 EL Wasser verrühren, bis die Mischung hell und schaumig ist. Wenn im Rezept nicht anders angegeben, kann zum Auftragen ein Backpinsel verwendet werden.

ERNÄHRUNGS-INFOS

Das bedeuten die Kürzel:
GF: glutenfrei | GF*: leicht glutenfrei zuzubereiten |
V: vegetarisch | V*: leicht vegetarisch zuzubereiten |
V+: vegan | V+*: leicht vegan zuzubereiten

Frühstück

Blätterteigbücher aus der Verbotenen Abteilung V
Granola-Frühstück für Trimagische Champions .... GF*, V, V+*
Snapes Bubble and Squeak .... GF, V*
Nevilles Würstchen im Schlafrock
Blitze-Toasts des Auserwählten mit Eiern im Glas .... GF*, V

Suppen und Vorspeisen

Gewürznüsse für die Slug-Klub-Weihnachtsparty .... GF, V
Blubbernde Kesselchen .... GF, V
Schwedischer-Kurzschnäuzler-Tatar .... GF*
Weihnachtsball-Shrimpscocktail .... GF
Slughorns Appetithäppchen .... GF, V*, V+*
Nicolas Flamels Vichyssoise-Suppe .... GF, V
Hagrids Kürbiseintopf .... GF, V, V+
Tomatensuppe mit gegrilltem Käsesandwich nach Art des Tropfenden Kessels .... GF*, V, V+*

Brote und Beilagen

Fuchsbau-Willkommenskranz V
Sprouts Kohlsprossen .... GF
Grimmauldplatz-Brötchen V
Sirius Blacks Ofenkartoffeln .... GF, V, V+*
Weasley-Pullover-Focaccia .... V, V+
Yorkshirepudding wie in Hogwarts .... V*

Hauptgerichte

Gewächshaussalat .... GF, V, V+*
Madam Pomfreys Seelentröster-Shepherd's-Pie .... GF, V
Pikante „Flüche und Gegenflüche"-Spieße .... GF
Tarte à la Karte
Goldenes-Ei-Fleischpastetchen
Weihnachtslammkrone .... GF
Weihnachtsbraten .... GF
Grimmauldplatz-Truthahnbraten .... GF*
Austern à la Beauxbatons .... GF
Weihnachtsball-Fischpastete .... GF

Desserts

Popcorn-Quidditch-Bälle .... GF, V*
Hagrids Kürbiskernkrokant .... GF, V
Cake-Pops jeder Geschmacksrichtung V
Ginnys Mini-Tartes V
Weihnachtskuchen wie in der Großen Halle V
Harrys Lieblingssiruptorte V
Verschneite Fuchsbau-Torte V
Schlaftrank-Cupcakes V
Kerzentorte à la Hogwarts V
Zauberschachbrettkuchen V
Karamelleiscreme-Torte .... GF*, V
„Tut mir leid, Neville"-Plätzchenlutscher V
Gemeinschaftsraum-Sandwichplätzchen V
Shortbread-Weihnachtsplätzchen V
Freundschaftsplätzchen V
Professor Trelawneys Pots de crème .... GF, V
Magische Hogsmeade-Schneebälle V
Professor Flitwicks weihnachtlicher Feigenpudding V
Karamelleiscreme .... GF, V
Trimagisches Trifle V

Getränke

Heiße-Schokolade-Besen .... GF*, V
Hogwarts-Punsch .... GF, V, V+*
Durmstrang-Punsch .... GF, V, V+
Beauxbatons-Punsch .... GF, V, V+
Professor Trelawneys extrastarker Earl-Grey-Tee .... GF, V, V+
Weihnachtlich verzauberter Apfelwein .... GF, V, V+
Katzenhaar .... GF, V, V+
Magischer Glühwein .... GF, V, V+*
Mistelzweig-Cocktail .... GF, V, V+
Kürbis-Fizz .... GF, V
Großer-See-Zuckersirup .... GF, V, V+
Schwarz und Orange .... GF, V, V+
Graue Dame .... GF

Harry Potter – Das offizielle Weihnachtskochbuch
Deutschsprachige Ausgabe 2023 durch die Panini Verlags GmbH,
Schloßstraße 76, 70176 Stuttgart
Verlagsleitung: Gabriele El Hag
Chefredaktion: Nicole Hoffart
Redaktion: Lisa Breitsameter
Übersetzung: Barbara Knesl, Anita Weinberger-Schwendenwein
Lektorat: Claudia Weber
Produktion: Print Company Verlagsges.m.b.H.
Manufactured in China by Insight Editions
ISBN 978-3-8332-4377-6
www.paninishop.de

Die Deutsche Nationalbibliothek verzeichnet diese Publikation in der Deutschen Nationalbibliografie; detaillierte bibliografische Daten sind im Internet über http://dnb.d-nb.de abrufbar.

Englischsprachige Originalausgabe 2023

INSIGHT EDITIONS
PO Box 3088
San Rafael, CA 94912
www.insighteditions.com

Publisher: Raoul Goff
VP, Co-Publisher: Vanessa Lopez
VP, Creative: Chrissy Kwasnik
VP, Manufacturing: Alix Nicholaeff
VP, Group Managing Editor: Vicki Jaeger
Publishing Director: Jamie Thompson
Senior Designer: Judy Wiatrek Trum
Editor: Anna Wostenberg
Editorial Assistant: Sami Alvarado
Managing Editor: Maria Spano
Senior Production Editor: Michael Hylton
Production Associate: Deena Hashem
Senior Production Manager, Subsidiary Rights: Lina s Palma-Temena

Photographer: Ted Thomas
Prop and Food Stylist: Elena P. Craig
Assistant Food Stylist: Lauren Tedeschi
Assistant Food Stylist: Patricia Parrish
Photography Art Direction: Judy Wiatrek Trum
Interior Design: Mikaela Buck
Illustrations: Paula Hanback